W0107834

Obst und Gemüse aus aller Welt

Wolfgang Hubert · Heike Reith

Obst und Gemüse aus aller Welt

Ein Markt-Führer

Südwest

Bildnachweis
CBT, Niederlande: 19, 23, 28, 29 (2x), 32
oben, 51, 55 unten, 59, 63, 67, 70, 72,
74, 78, 80, 83, 90, 94, 96, 97, 99 (2x),
100, 103, 105, 107, 111, 112, 113.
Dole, Hamburg: 12 unten (2x), 18, 21
links, 58.
Fruchthof Bremen Informationsdienst,
Bremen: 20, 24 (2x), 26, 27, 31, 34, 37
oben, 42 (2x) 43, 57 oben, 81, 85, 88,
93, 98, 101, 109, 114, 115 (2x).
Günter Hartmann Marketing-Services,
Bad Homburg: 56.
ICE, Düsseldorf: 8/9, 37 unten, 60/61,
68, 76.
IPR & O, Hamburg: 25, 45, 52, 55 oben.
Komplettbüro, München: 15, 22, 30, 33,
36, 41, 106.
Helmut Meyer zur Capellen, Eckental:
21 rechts, 47, 53, 54, 64, 77, 87 (2x),
91, 95, 110.
Office National, Belgien: 12 oben, 69.
SOPEXA, Düsseldorf: 14, 44, 50, 62, 65,
66, 71, 73, 75, 84, 86, 92, 104.
Teubner, Füssen: 35, 57 unten, 78, 89,
108.
Weichert & Co., Internationale Fruchtimport
Gesellschaft, Hamburg: 10, 16, 32 unten,
38, 40, 48, 49.

Wir bedanken uns für die freundliche Unter-
stützung bei:
Herrn Coenen, ONDAH, Belgisches Haus,
Köln;
Frau Czernik und Frau Kothen, SOPEXA,
Düsseldorf;
Dr. Salvatore Guttuso, ICE, Düsseldorf;
Matthias Hartmann, GHM, Bad Homburg;
Cornelia Heise, Die Gilde, Hamburg;
Egon Hofemann, Fruchthof Bremen;
Sabine Kamm und Caroline Scherb,
Komplettbüro, München;
Frau Keil, IPR & O, Hamburg;
Helmut Meyer zur Capellen, Eckental;
Horst Trumpp, Nürnberg;
Marian Vis, CBT, Niederlande;
Regina Weißenberg, Dole, Hamburg;
und vor allem bei Ralph Fischer, Weichert &
Co, Hamburg, der uns umfassend beraten
und unterstützt hat.

© 1992 Südwest Verlag
GmbH & Co. KG, München
Alle Rechte, auch die des auszugsweisen
Abdrucks, vorbehalten.
Printed in Germany
Schutzumschlag: Eisele/Bulach & Partner,
Augsburg
Satz: OK Satz GmbH, Gröbenzell
Repro: Repro Zwölf, Wien
Druck: Wenschow/Franzis, München
Bindung: Oldenbourg, München

ISBN 3-517-01320-X

Inhalt

Vorwort

Haben Sie nicht schon einmal Obst und Gemüse eingekauft und waren vom Geschmack enttäuscht? Schöne Tomaten ohne Aroma, fade Äpfel, seltsam schmeckende Exoten, wäßrige Erdbeeren oder Ananas, die ihr Geld nicht wert waren, haben sicher schon einmal alle Verbraucher geärgert.

Um weitere Enttäuschungen zu vermeiden, können Sie natürlich den Händler wechseln, um bei dem nächsten dasselbe zu erleben.

Um Ihnen in Zukunft solchen Ärger zu ersparen, haben wir dieses Buch geschrieben. Auf den kommenden Seiten geben wir Tips für den optimalen Einkauf und für die richtige Lagerhaltung. Die Voraussetzungen für den besten Genuß.

Auch informieren wir Sie über Vorbereitungs- und Verwendungsmöglichkeiten der einzelnen Sorten.

Selbstverständlich gehören schnelle Informationen über die Angebotszeiten und eine Übersicht der wertvollsten Vitamine und Mineralstoffe dazu.

Auch können Sie sich kurz über die Herkunft und den Anbau der einzelnen Sorten informieren und welche Länder unsere Märkte beliefern.

Sie werden bald feststellen, daß dieses Buch zum meistgelesenen in Ihrem Haushalt gehören wird. Eine angenehme Pflichtlektüre, die Ihren Einkauf sofort erleichtert.

Wir wünschen Ihnen viel Vergnügen, beim Lesen, Einkauf und Essen.

Heike Reith   Wolfgang Hubert

Einleitung

Um einen umfassenden und zugleich knappen Überblick zu vermitteln, werden die einzelnen Obst- und Gemüsesorten in fünf Abschnitte eingeteilt.

Der erste Abschnitt informiert über Herkunft, Anbau und Angebotszeiten der jeweiligen Produkte.

Im zweiten Abschnitt erfahren Sie das Interessanteste über Geschmack, Aussehen und, soweit wissenswert, die Sorten.

Der dritte Abschnitt ist für den Einkauf und die, auch kurzfristige, Lagerhaltung bedeutend. Wir sagen Ihnen, worauf Sie achten sollten, um das beste Obst und das feinste Gemüse zu erhalten. Gute Ausgangsprodukte sind das A und O der Küche, damit läßt sich leichter kochen. Auch die Lagerhaltung ist ein wesentlicher Punkt. Wie lange kann ich Obst und Gemüse aufbewahren? Ist der Kühlschrank besser geeignet als ein kühler Raum oder Zimmertemperatur? Nicht alle Produkte vertragen Kälte und nicht alle lieben Wärme. Auch werden Sie bald wissen, in welchem Zustand Sie Ihre Ware einkaufen sollten, wenn diese noch einige Tage oder über das Wochenende lagern soll.

Was wäre ein Einkaufsführer ohne Hinweise über Vorbereitungs- und Verwendungsmöglichkeiten? Der vierte Abschnitt informiert Sie daher über den besten Umgang mit Ihrem Einkauf. Wie vermeide ich unnötigen Abfall, der im Laufe eines Jahres viel Geld kostet? Wie gelange ich am besten an das Fruchtfleisch einer Mango? Muß eine Grapefruit beim Auslöffeln spritzen? Was sollte ich beim Spargelschälen beachten?

Der letzte Abschnitt informiert schließlich über die wichtigsten Vitamine und Mineralstoffe der jeweiligen Obst- und Gemüsesorten. Je nach Reifegrad, Ursprungsland, Sorte und Lagerung schwanken diese Inhaltsstoffe beträchtlich. So ist nicht in jeder Zitrone derselbe Anteil an Vitamin C, und der Kopfsalat hat im Winter andere Mineralstoffwerte als im Sommer. Dazu verändern sich diese Anteile erheblich durch Erhitzen. Deshalb haben wir auf so ungenaue Angaben verzichtet und verweisen lieber diesbezüglich auf spezielle Fachliteratur.

Im Anhang können Sie schließlich nachlesen, was Sie sonst noch auf unseren Märkten an Obst und Gemüse erwartet.

Kurzübersicht der erwähnten Mineralstoffe und Vitamine

Calcium und Phosphor sind für den Aufbau und die Erhaltung unserer Knochen und Zähne von Bedeutung. Dazu ist Calcium für die Muskelarbeit wie auch für die Blutgerinnung wichtig. Magnesium ist unter anderem ebenfalls für Knochen von Bedeutung. Kalium und Natrium benötigen wir für die Regulierung unseres Wasserhaushalts, für Stoffwechselvorgänge und Muskelarbeit. Eisen ist für die Blutbildung unentbehrlich, Fluor stärkt die Zähne, und Jod ist für die Schilddrüsenfunktionen wichtig. Andere Elemente wie Kupfer, Mangan, Selen und Zink sind bedeutend für unseren Stoffwechselvorgang. Diese Elemente sind aber in den meisten Fällen nur in, allerdings ausreichenden, Spuren vorhanden, so daß sie meistens nicht extra aufgeführt wurden. Nicht zuletzt der Übersicht wegen.

Bei Obst und Gemüse finden Sie häufig die Erwähnung Vitamin A. In pflanzlichen Produkten ist dieses Vitamin nur in der Vorstufe als Carotin bzw. Provitamin A enthalten, das, ebenso wie die Vitamine D, E und K, nur in Verbindung mit Fett, beispielsweise Öl oder Sahne, vom Körper aufgenommen werden kann. Der Einfachheit wegen haben wir aber nur den Hinweis Vitamin A bei den Inhaltsstoffen aufgeführt. Dieses Vitamin ist für die Haut, Schleimhaut und für unsere Sehfunktion absolut notwendig.

Der Vitamin-B-Komplex ist bedeutend für Nervenfunktionen und Verwertung unserer Nahrungsaufnahme.

Das oft für Erkältungsvorbeugung vielbeschworene Vitamin C ist auch für unsere Leistungsfähigkeit und verschiedene Stoffwechselvorgänge mitverantwortlich.

Über die anderen Vitamine weiß man noch nicht alles, fest steht aber, daß auch sie für unsere Gesundheit von großer Bedeutung sind.

Neuerdings weiß man vom sogenannten Junggesellen-Skorbut zu berichten, eine Bezeichnung für mangelnden Mineralstoff- und Vitaminhaushalt. Zurückzuführen ist das vor allem auf die häufig sehr einseitige Ernährungsweise. Frisch ausgepreßter Orangensaft allein reicht nicht. Sie sollten stets Obst und Gemüse zu sich nehmen, um nicht davon betroffen zu werden. Auch dabei wird Ihnen dieses Buch helfen.

Obst

Behandeltes Obst, bestrahltes Gemüse, Bio-Kost

Behandelte, also mit Konservierungsmitteln bearbeitete Orangen, Zitronen und andere Obstsorten dürften bekannt sein. Sie sollen Früchte transportfähiger und länger haltbar machen. Wir haben in diesem Buch darauf hingewiesen, daß die Schalen dieser Sorten nicht verwendet werden sollen.

Auch bei Äpfeln und anderen Früchten sollte man stets die Schale abwischen oder abwaschen. Gemüse wird sowieso stets vor der Verwendung abgewaschen. Das ist meistens ausreichend, wenn nicht, haben wir darauf hingewiesen.

Wie steht es nun mit radioaktiv bestrahltem Gemüse, Obst oder auch Kräutern? In Deutschland selbst dürfte dieser Punkt ausgestanden sein, es gibt keinen Grund, unsere heimische Produktion auch noch mit Strahlen haltbarer zu machen. In etlichen anderen Ländern ist eine derartige Bestrahlung mehr oder weniger zugelassen. Sie werden auch bisher noch keine Kennzeichnungspflicht feststellen, da es noch nicht endgültig erwiesen ist, ob eine Bestrahlung Auswirkungen hat. Man vermutet zwar, daß einige Vitamine und Mineralstoffe dadurch vermindert oder zerstört werden, aber wie gesagt, es ist noch nichts erwiesen. Die WHO, die Weltgesundheitsorganisation, hat beispielsweise für Obst und Gemüse in

der Dritten Welt eine Bestrahlung sogar empfohlen, da sie keimtötend wirken soll. Das ist jedoch bei uns nicht notwendig.

Bisher gibt es auch noch keine wirkungsvolle Prüfungsmethode, die derart behandeltes Obst oder Gemüse erkennbar macht. Lassen Sie sich bis auf weiteres davon nicht abschrecken. Die positive Wirkung von Obst und Gemüse überwiegt die Nachteile, auch die der chemischen Düngung, bei weitem.

Das ist nun gleich eine Überleitung zu Obst- und Gemüseprodukten aus biologischem Anbau. Leider sind auch in diesen Produkten Schadstoffe aus der Umwelt enthalten, sie werden nur nicht extra mit chemischen Mitteln gedüngt. Da der Ernteausfall, auch wegen des Nichteinsatzes von Schädlingsbekämpfungsmitteln, entsprechend höher ausfällt und auch mehr Handarbeit gefordert ist, verteuern diese Umstände Bio-Lebensmittel. Wieweit man sich das leisten kann und will, muß jeder für sich selbst beantworten. Unstrittig ist jedenfalls, daß Bio-Produkte umweltverträglicher und auch gesünder sind. Aber das Angebot ist noch unzureichend, so daß nicht jeder, der will, diese Ware auch erhalten kann. Hoffen wir auf Besserung, uns und der Natur zuliebe.

7

Obst

Ananas

1. Die Ananas wurde zwar zuerst von Kolumbus auf Guadeloupe entdeckt, aber ihre Urheimat liegt in Südbrasilien und in Paraguay.
Wichtige Lieferländer sind vor allem Mittel- und Südamerika sowie einige afrikanische Staaten, die ein ganzjähriges Angebot gewährleisten.

2. Die Ananas gehört zu den Bromeliengewächsen, die vielen Zimmerpflanzenfreunden nicht unbekannt sein dürften. Die Frucht der Ananaspflanze erreicht bis zu 20 cm Länge bei einem Durchmesser von bis zu 15 cm. Gekrönt wird sie von einem dekorativen Blattschopf.
Die dicke, schuppige Schale ist gelbgrün, goldgelb bis honigbraun gefärbt. Ananas aus Gewächshäusern sind oft rötlichbraun. Das Fruchtfleisch ist hell- bis dunkelgelb, dabei kernlos.
Die exotischen Früchte, die in Einzelfällen bis zu 4 kg schwer werden können, sind in reifem Zustand überaus aromatisch, süß und dabei mit einer feinen Säure versehen.
In letzter Zeit werden auch sogenannte Baby-Ananas angeboten, eine Miniaturausgabe der normalen Ananas. Deren Geschmack ist noch intensiver, dafür sind die äußerst dekorativen Minis aber vergleichsweise sehr teuer.

3. Obwohl es mehrere Ananassorten gibt, erfolgt der Verkauf nur unter der Herkunftsbezeichnung oder mit dem Hinweis »Flugananas« versehen.

Schiffsananas

Früchte aus Südamerika werden in noch unreifem Zustand geerntet und anschließend sofort verschifft. Da die Ananas nach der Ernte sofort mit der Zuckerbildung aufhört, schmecken die Früchte ebenso wie zum Erntezeitpunkt. Afrikanische Ananas dagegen werden häufig in vollreifem Zustand gepflückt und mit Flugzeugen transportiert. Das macht sie leider sehr teuer, doch ihren Geschmack sollten Sie unbedingt einmal kennenlernen.
Noch ein paar Tips, woran man reife Ananas erkennen kann:
Süße und aromareiche Früchte verströmen einen sehr feinen Duft. Sie geben auf Fingerdruck etwas nach, und die Schopfblätter sind leicht herauszuziehen. Machen Sie bei Flugananas ruhig diese Probe, es ist schließlich Ihr Geld.

Zu Hause können Sie Ananas vor allem bei Temperaturen zwischen 15 und 18 °C bis zu fünf Tage am Schopf aufgehängt lagern. Damit vermeiden Sie Druckstellen. Im Kühlschrank sollten Sie jedoch nur angeschnittene Ananas aufbewahren und das auch nur für höchstens zwei Tage, da sich das Aroma bei Kälte sehr schnell verflüchtigt.

4. Um an das Fruchtfleisch heranzukommen, muß zuerst die dicke Schale beseitigt werden. Dazu gibt es zwei Methoden: Sie vierteln die Ananas mitsamt dem Schopf von oben nach unten und schneiden dann das Fleisch aus der Schale heraus, oder Sie trennen den Fruchtboden und den Schopf durch je einen Querschnitt ab und entfernen dann die verbleibende Schale mit einem sehr scharfen Messer von oben nach unten.
Anschließend muß noch die feste und oft holzige Mittelachse der Frucht entfernt werden.
Wie bei vielen anderen Exoten ist der Verzehr der frisch aufgeschnittenen Frucht am besten, was aber den verbleibenden Verarbeitungsmöglichkeiten der Ananas keinen Abbruch tut.
So kann man sie zu Frucht- oder pikanten Salaten einsetzen. Dazu harmoniert sie mit Geflügel oder Wildgeflügel. Beispiele sind vor allem aus der asiatischen Küche bekannt. Auch in Verbindung mit dem urdeutschen Sauerkraut ist sie ein Genuß, und auf Kuchen oder Torten ist sie stets ein dekorativer Blickfang.
Nur bei der Herstellung von Cremes, die gelieren müssen, macht die Ananas Schwierigkeiten. Durch das Ferment Bromelin wird das Stocken einer Speise verhindert. Man kann aber Agar-Agar statt Gelatine verwenden, um dieses Problem zu umgehen, oder Sie dünsten die Ananas einige Minuten. Dadurch wird das Bromelin zerstört.

5. Das Bromelin wirkt verdauungsfördernd, so daß eine Scheibe frischer Ananas ein Abführmittel ersetzen kann.
Ananas enthalten die Vitamine A, B und C, sowie Mineralstoffe, vor allem Calcium und Eisen.

Apfel

1. Der Apfel ist, zumindest in Mitteleuropa, die Frucht mit den meisten Verbindungen zur Kultur. So war er schon im Altertum ein Symbol für Liebe und Fruchtbarkeit; kein Wunder, daß man ihn für den Sündenfall verantwortlich machte. Auch wenn Apfelliebhaber diese Schuld eher dem Granatapfel zuschieben möchten.
Der Apfel hat auch Eingang in viele Bräuche des Volkstums gefunden, zum Beispiel gilt er als Nikolausgabe, und früher war er auch als Weihnachtsschmuck sehr begehrt.
Beheimatet war der Ur-Apfel in Eurasien. Inzwischen findet man den kultivierten Enkel auf allen Erdteilen.
Auch wenn der Großteil der hier angebotenen Äpfel aus Deutschland stammt, ohne Importe aus den anderen europäischen Ländern, Afrika, Australien und Neuseeland sowie Amerika, wäre das Marktangebot um vieles ärmer, so daß wir auf die ganzjährige Apfelsaison verzichten müßten.

2.+4. Es wäre müßig, den Apfel an sich zu beschreiben, da er als meistverzehrte Frucht sicher jedem bekannt ist. Alle Apfelsorten, die auf unseren Märkten angeboten werden zu beschreiben, würde den Umfang dieses Buches zu einem Lexikon ausarten lassen. Zudem werden viele Sorten nur regional angeboten. So haben wir uns auf die sicher wichtigsten beschränkt und nachstehend aufgeführt. Aus Gründen der Übersicht sind wir von dem sonstigen Schema des Buches abgegangen und haben neben den Sorten auch gleich die besten Verwendungsmöglichkeiten aufgeführt, damit Sie sich auf einen Blick orientieren können.

Alkmene
Klein bis mittelgroß, gelbrot mit roten Flammen. Im Geschmack aromatisch und fein-säuerlich, mit fester, knackiger Beschaffenheit. Der deutsche Tafelapfel ist auch für Obstsalate und Kuchen einsetzbar.

Berlepsch
Rot bis braunrot, ist diese Sorte nicht nur sehr aromatisch, sondern besticht durch die hervorragende Ausgewogenheit von Süße und Säure. Saftig und fest findet diese Sorte aus heimischem Anbau Verwendung als Bratapfel oder in Salaten.

Boskop

Die Grundfarbe ist grünrot bis rot, dabei leicht berostet. Das gute Aroma dieses beliebten Apfels weist eine intensive Säure auf. Der aus Holland und Deutschland stammende Apfel wird bei der Lagerung mürbe. Er ist der ideale Koch- und Bratapfel und auch sehr gut für Gelees und Mus geeignet.

Cox Orange

Die grünlich-gelbe Sorte mit orangeroten oder braunroten Bäckchen duftet nach Honig und ist besonders aromatisch. Der Apfel kommt aus Deutschland, Holland und Neuseeland. Er ist sehr saftig und knackig, darf aber nur kurz mitgegart werden, da er sehr leicht zerfällt. Er ist besonders zu Geflügel- und Fleischgerichten zu empfehlen.

Red Delicious

Jonagold

Elstar

Seine vollrote Schale hat den Newcomer zu einem der großen Favoriten gemacht. Der Elstar schmeckt fruchtigwürzig, ist sehr aromatisch, dabei knackig und saftig.
Deutschland, Holland und Italien beliefern uns mit dieser Sorte, die auch gut zu Gebäck, Kuchen und Fleischgerichten paßt.

Gloster

Bei meist vollroter Schale enthält er eine feinwürzige Säure. Der deutsche und italienische Apfel ist vor allem zum Rohessen vorzüglich.

Golden Delicious

Der gelbe, vorwiegend süße Apfel mit wenig Säure ist ziemlich fest und eignet sich auch für alle Salatarten. Der Golden Delicious kommt vor allem aus dem europäischen Raum und aus Südafrika.

Goldparmäne

Goldgelb, teils rötlich oder mit rötlich geflammter Schale, hat diese Sorte ein sehr ausgeprägtes Aroma. Süßlich-würzig mit einem zarten Nußton, dabei fest und saftig, wird er bei längerer Lagerung mürbe. Die vor allem aus Deutschland und Frankreich kommende Sorte ist roh gegessen am besten.

Granny Smith

Der grasgrüne Apfel ist bei hoher Säure leider nur wenig aromatisch. Saftig und fest ist dieser weltweit importierte Apfel nur rohkostgeeignet.

Gravensteiner

Grünlichgelb mit leichter roter Flamme, kommt der feinwürzige, hocharomatische und süße Apfel aus Deutschland und Italien. Besonders saftig ist

Granny Smith

er auch zu pikanten Gerichten oder als Bratapfel verwendbar.

James Grieve

Hellgelb und rot gestreift, ist der süß-säuerliche, dabei aromatische Apfel zuerst fest, bevor er im Winter mürbe wird. Der aus Deutschland und Holland kommende Apfel eignet sich ebenso zu Mus und Kompott, wie auch zum Backapfel.

Jonagold

Goldgelb mit rötlichen Schattierungen, manchmal auch rot geflammt, ist diese Sorte süß mit feiner Säure und dabei hocharomatisch. Der saftige Deutsche, Italiener oder Belgier ist auch ideal zu Mus oder Kompott und auch zum Kochen und Backen.

Jonathan

Leuchtend rote Bäckchen auf gelblich-grüner Schale, so präsentiert sich die italienische und ungarische Sorte auf unserem Markt. Als säuerliche und saftige Sorte ist er für Mus und Kompott vorzüglich geeignet.

Klarapfel

Dieser Deutsche erscheint hellgrün auf den Regalen. Er ist säuerlich, bei der Ernte noch fest und saftig, jedoch nach kurzer Lagerung bereits mürbe. Roh schmeckt er am besten.

Morgenduft

Gelb bis grünlich mit einer leichten roten Teilfärbung, dabei wenig ausgeprägter Geschmack, nicht sehr saftig aber transportideal, kann man diesen Apfel am besten zum Schmoren be-

nutzen. Diese italienische Sorte findet man nicht selten mit dem Aufkleber »Obst aus Südtirol«.

Red Delicious

Aus Neuseeland und Argentinien erreicht uns der dunkelrote, süße und wenig säurehaltige Apfel. Mit festem Biß ist er vor allem roh zu essen oder in Obstsalaten zu verwenden.

3. Ein guter Apfel sollte duften. Meistens werden Äpfel baumreif gepflückt und verkauft. Da Baumreife noch keine Eßreife bedeutet, sollten Sie die Äpfel zu Hause nachreifen lassen, bis diese einen typischen Apfelgeruch verströmen.
Zu große Exemplare schmecken nicht selten etwas fade, da es ihnen oft an Säure mangelt. Zu kleine Äpfel haben wenig Aroma und zuviel Säure. Wir empfehlen, von den jeweils angebotenen Sorten die mittelgroßen Exemplare zu kaufen.
Grüne Sorten müssen nicht unbedingt schlechter schmecken als gelbe oder knallrote. Farben sind sortentypisch angezüchtet und keine Geschmacksskala.

4. Allgemein kann man sagen, daß Äpfel aus Mitteleuropa eine gut ausgewogene Süße mit fruchtiger Säure haben. Aus wärmeren Ländern kommen meistens Äpfel mit viel Süße, aber unterentwickelter Säure. Was Sie bevorzugen, bleibt natürlich Ihnen überlassen. Orientieren Sie sich einfach an der Auswahl auf den vorigen Seiten. Äpfel können bei Zimmertemperatur nachreifen, zum Lagern entweder in

den Kühlschrank legen, bei längerer Lagerung empfiehlt sich ein Keller; dabei nicht neben Kartoffeln aufbewahren.

5. Der Apfel weist einen hohen Nährwert auf. Neben dem Vitamin C enthält er noch die Vitamine A, B und E und vor allem Kalium und Phosphor, aber auch Fluor und Eisen. Dazu kommen Fruchtzucker, Fruchtsäure und viele Ballaststoffe.

Aprikose

1. Wer hätte wohl vermutet, daß die Aprikose aus China kommt? Von dort aus wurde sie in die westlichen Länder gebracht. Heute baut man sie vornehmlich im großen Mittelmeerraum und im sonnigen Kalifornien an. Auch in Deutschlands gemäßigten Klimazonen reift die Aprikose, sofern sie nicht von überraschenden späten Nachtfrösten heimgesucht wird. Die Hauptangebotszeit ist von Mai bis September.

2. Die etwa 4–8 cm großen Steinfrüchte werden durch eine Furche geteilt. Die Farbe ist je nach Sorte hell- bis orangegelb, manchmal auch mit rötlich angehauchten Bäckchen. Auch die Struktur der Haut weist unterschiedliche Merkmale auf, samtig, glatt, manchmal sogar rauh.
Das Fruchtfleisch kann weißlich oder gelb bis gelborange sein, das ist sowohl sorten- als auch reifemäßig ab-

Aprikosen

hängig. Unreife Aprikosen schmekken oft mehlig und fade, während ausgereifte Früchte aromatisch, saftig und angenehm säuerlich sind.

3. Aprikosen sind Künstler im Vortäuschen falscher Tatsachen. Ein Biß in herrlich aussehende Früchte kann Sie von Ihrem Aprikosenhunger sehr schnell heilen; man sieht nämlich diesen Verwandlungskünstlern nicht an, wie reif sie tatsächlich sind. Durch Ernten unreifer Früchte – eine transportnotwendige Tatsache – färbt sich zwar die Schale, jedoch das Ausbilden des Fruchtzuckers, des eigentlichen Aromaträgers, unterbleibt danach.
Denen, die wirklich aromatische Aprikosen genießen wollen, ist zu raten, sich auf die deutsche Ernte im Juli und August zu konzentrieren.

Wo immer möglich, sollten Sie vor dem Kauf eine Frucht probieren, denn mehlige Sorten schmecken auch in den zahlreichen Zubereitungsvarianten einfach fade.
Für die Lagerung ergibt sich daraus die Konsequenz, Aprikosen nicht aufzubewahren, in der Hoffnung, daß sie mehr Aroma erhalten. Sie können aber diese Früchte im Kühlschrank etwa vier Tage lagern, wie erwähnt ohne Geschmacksverbesserung.

4. Aromatische Aprikosen, das müssen nicht nur deutsche sein, eignen sich auch zum Kochen. Dazu können Sie, müssen aber nicht, die Haut abziehen. Nur kurz in kochendes Wasser legen und danach sofort mit eiskaltem Wasser abschrecken und die Haut entfernen. Für Aprikosenkuchen

oder Marillenknödel eignen sich die feinen Früchtchen ebenso wie zu Marmelade verarbeitet, am besten mit karamelisierten Walnuß- oder Mandelstückchen.
Für Geflügelgerichte sind Aprikosen übrigens besonders gut geeignet. Ihre Säure harmoniert aber auch zu den gängigen Obstsorten der Saison. Eine Mandelcreme mit Aprikosen oder noch besser Aprikosensauce, ergibt ein Dessert, an das Sie noch lange denken werden.
Nicht zuletzt schmecken auch in Alkohol eingelegte, geschälte Aprikosen. Dazu empfehlen wir Marillenbrand oder Aprikosengeist ebenso wie weißen Rum oder Amaretto.

5. Aprikosen sind vor allem Vitaminträger der B-Gruppe, aber auch A und C sind reichlich vorhanden. Calcium, Eisen, Kalium und Phosphor ergänzen den gesundheitlichen Wert dieser Früchte.

Avocado

1. Butter des Urwaldes nannten die Azteken die Frucht, die aus den Tropenwäldern Zentralamerikas kommt. Daß sie, von Spanien einmal abgesehen, in Europa kaum wächst, liegt am Klima, das Avocados zum Wachsen benötigen.
Unser Hauptimporteur ist Israel, gefolgt von einigen afrikanischen Ländern. Das gewährleistet eine ganzjährige Belieferung.

2. Avocados sind birnenförmige Steinfrüchte, etwa 10 cm lang und im Durchschnitt 300 g schwer. Es gibt sie, sortenabhängig, in grüner, bräunlich-roter bis schwarzer Farbe mit einem grünen bis kräftig gelben Fruchtfleisch. Lassen Sie sich nicht von der Schale beeinflussen, sie kann eine glatte oder auch rauhe Struktur aufweisen.

Das Fruchtfleisch mit nußartigem Aroma und feiner Süße ist normalerweise so weich wie zimmertemperierte Butter.

3. Eine reife Frucht – und nur die sollten Sie essen – erkennen Sie an zwei Merkmalen: Auf leichten Druck muß die Schale nachgeben, und beim Schütteln können Sie den Stein im Inneren hören. Da man jedoch nur selten eine optimal ausgereifte Avocado antreffen wird, sollten Sie die Frucht entsprechend lange vorher einkaufen. Sie läßt sich bei Zimmertemperatur eine knappe Woche lagern und reift nach. Gereift hält sie sich auch drei bis vier Tage im Kühlschrank. Die Sorten *Hass* (klein, schwarz, schrumpelig) und *Fuerte* (rauhe, grüne, mattglänzende Schale) sind für das Kochen ideal.

4. Avocados stets der Länge nach halbieren, dann entkernen. Um das bräunliche Verfärben des Fruchtfleisches durch die Luft zu vermeiden, beträufeln Sie das Fleisch mit etwas Zitronensaft. Avocados kann man roh pürieren, mit Salz und Pfeffer würzen, aber auch mit Tomaten und Paprika vermengt als Dip servieren. Sie eignen sich zum Füllen mit Krabbensalat, passen aber auch zu einem gemischten Salat mit Champignons, Spargel oder Lachs. Ebenso kann man sie mit leicht säuerlichen Früchten, zum Beispiel Orangen oder Himbeeren, kombinieren.

5. Wie wertvoll die Avocados auch schon für die amerikanischen Ureinwohner waren, läßt sich aus der Vielzahl ihrer Inhaltsstoffe ermessen. Elf Vitamine ergänzen 14 Mineralstoffe, vor allem Calcium und Eisen.
Dies ist auch der Grund, weshalb die Kosmetikindustrie die Avocado immer mehr als Salben- oder Seifengrundlage einsetzt und intensiv damit wirbt.

Banane

1. Die Tropenfrucht erlangte bereits vor etwa 8000 Jahren in Südostasien schriftlichen Ruhm. In buddhistischen Texten wurde sie damals zum ersten Mal erwähnt. Und doch konnte die Frucht mit der langen Tradition erst vor 100 Jahren in Deutschland auf den Tisch gebracht werden.
Wie konnte eine Frucht so spät in Europa Karriere machen, wenn sie bereits Alexander den Großen mit wichtigen Mineralstoffen und Vitaminen versorgte? Das lag und liegt an den besonderen Anforderungen, welche

Hass-Avocado, eine schwarzgrüne Sorte

15

die Banane an das Klima stellt – nur in bestimmten Regionen Amerikas, Afrikas und Asiens kann sie kultiviert werden; zum anderen an ihrer relativ schnellen Nachreife, die kurzzeitiger Transportwege bedarf, damit sie nicht verdirbt. Heute wird unser Markt vorwiegend aus Mittelamerika das ganze Jahr über beliefert. Bananen liegen zwischenzeitlich, gleich nach dem Apfel, auf dem zweiten Rang der Beliebtheitsskala im Bundesgebiet.

2. Bevor wir uns den Hauptsorten der Bananenpflanze zuwenden, möchten wir uns der alten Frage widmen: »Warum ist die Banane krumm?« Die einzelnen Früchte wachsen zu Beginn nach unten, um sich nach kurzer Zeit nach außen und anschließend nach oben, dem Licht entgegen, zu drehen. Das ergibt dann bei der pflückreifen Frucht die charakteristische Krümmung. So einfach ist das. Bananen unterteilt man wie folgt:

Obstbanane

Der bekannteste Vertreter dieser Tropenfrucht. Unreif ist die Schale grün und verfärbt sich nach und nach in das typische Bananengelb. Das eher weiße, weiche Fruchtfleisch ist mild und süß, mit einem angenehmen Säureanteil. Bananen müssen übrigens immer unreif, also grün, geerntet werden, da erst durch das Unterbrechen der Nährstoffzufuhr die Banane ihre Stärke in Zucker umwandeln kann. Zum Erntezeitpunkt haben Bananen einen Stärke-Zucker Anteil von 20:1, bei einer ausgereiften Banane ist das Verhältnis genau umgekehrt.

Oben: Rote Banane; unten: Apfelbanane

Apfelbanane

Die bis zu 10 cm lange Frucht kommt vor allem aus Brasilien und Kenia. Ihr leicht säuerlicher Geschmack erinnert ein bißchen an Äpfel. Aus diesem Grund ist sie dann auch zu ihrem Namen gekommen.

Babybanane

Die auch als Lady's Finger bezeichnete Variante ist extra kleingezüchtet. Sie schmeckt besonders intensiv nach Bananen. Auf unsere Märkte kommen Lieferungen aus Kolumbien, Malaysia und Thailand.

Kochbanane

Wie der Name schon andeutet, wird diese Banane nicht roh verwendet. Sie wird gekocht, gebacken und außerdem getrocknet zu Bananenchips verarbeitet.

Die Kochbanane kann beinahe doppelt so groß wie die Obstbanane und bis zu 300 g schwer werden. Ihre Schale ist meistens dunkelbraun bis schwarz, zum Teil auch intensiv grün, wenn sie noch nicht reif ist. Sie ist mehlig und schmeckt wie eine Kartoffel mit einem Hauch Bananenaroma. Einfuhren erhalten wir vor allem aus Mittel- und Südamerika.

Rote Banane

Die rötlichbraune Schale umschließt ein leicht gerötetes Fruchtfleisch. Der Geschmack unterscheidet sich kaum von einer Obstbanane.

3. Je nach Verbrauchswunsch können Sie die Obstbanane grün oder gelb mit schwarzen Punkten kaufen. Grüne Früchte können Sie bei Zimmertemperatur nachreifen lassen. Gelbe Schalen mit kleinen schwarzen Punkten signalisieren den optimalen Reifegrad. Wichtig: Bananen niemals in den Kühlschrank legen, das bekommt ihrem Aroma nicht.

Bananen mit großflächigen braunen Flecken sind überreif und schmecken wie künstlich angereicherter Bananensaft. Diese Früchte sollte man nur dann essen, wenn man diesen Geschmack wirklich mag. Mit dem Aroma einer gut gereiften Banane ist das nicht mehr vergleichbar, und überreife Früchte kann man auch nicht mehr

weiterverarbeiten, ohne daß ihr Aroma alles überdeckt.

Bei den anderen Sorten gilt: Sie dürfen nicht zu weich sein und, außer bei Kochbananen, keine deutlichen dunkelbraunen bis schwarzen Verfärbungen aufweisen.

Lagern können Sie Bananen, wie bereits erwähnt, bei Zimmertemperatur, bis sie den gewünschten Reifegrad aufweisen.

Die Früchte sind druckempfindlich; also möglichst nur an den Spitzen anfassen und nicht werfen.

4. So schön die Schalen auch aussehen, essen kann man sie leider nicht. Deshalb knickt man sie an der Spitze um und schält die Haut von oben nach unten. Das Fruchtfleisch ist vielseitig verwendbar. Aus der Hand verzehrt ist wohl die verbreitetste Methode, aber Bananen schmecken auch vorzüglich in Obstsalaten, pikanten Salaten, püriert mit Milch oder in tropischen Drinks, in oder auf Kuchen und natürlich auch zu exotischen Reis- und Geflügelgerichten, wo sie gut mit Curry harmonieren.

Auch gebackene oder fritierte Bananen, mit Honig überzogen, finden ihre Liebhaber. Bananen werden auch in Schokolade getaucht oder in Eisbechern, vor allem als Bananen-Split, serviert. Um die bräunliche Tönung der in Scheiben geschnittenen Bananen weitgehend zu vermeiden, können Sie diese mit etwas Zitronensaft beträufeln.

Apfel- und Rote Bananen essen Sie am besten roh, in Obst- oder auch pikanten Salaten.

Die Babybananen verwendet man gern als Dekoration. Ihr intensiver Bananengeschmack läßt sie aber auch gut mit feinen Gerichten harmonieren. Kochbananen in grünem Zustand lassen sich nur schwer schälen. Deshalb am besten längs aufschneiden, die Schale längs in Streifen einschneiden und mit dem Messer abziehen. Die Schalen ausgereifter, also dunkler Kochbananen lassen sich mühelos entfernen.

Kochbananen können Sie, in Scheiben geschnitten, braten oder fritieren und zu Kurzgebratenem servieren. Sie schmecken, den Kartoffeln ziemlich ähnlich, aber auch in Eintöpfen. Sie können gerne auch einmal Kochbananenpüree zubereiten, als ungewöhnliche aber interessante Beilage zu Hähnchenfilets, Hamburgern und ähnlichem.

5. Bananen haben eine Menge zu bieten. Viele Ballaststoffe, sehr wenig Natrium, dafür einen hohen Gehalt an Kalium. Dazu Calcium, Eisen, Fluor, Magnesium, Mangan, Selen und Zink. Außerdem die Vitamine der B-Gruppe, sowie A, C und E.

Birne

1. Der Ursprungsort unserer Birne lag in Anatolien und im Kaukasus. Es gilt als sicher, daß diese Frucht bereits vor etwa 5600 Jahren bekannt war. Wie man ihr früher gegenüberstand, weiß man nicht schlüssig; heutzutage

jedenfalls wird die Birne weltweit angebaut.

Durch Importe aus über zehn Ländern ist unsere ganzjährige Versorgung mit dieser Frucht gesichert.

2. Die Zahl der Birnensorten könnte schier endlos aufgeschrieben werden. Immer neue Züchtungen gelangen auf unsere Märkte, manche halten sich, andere verschwinden nach kurzer Zeit wieder.

Deshalb beschränken wir uns auf die Sorten, denen eine längere Verweildauer beschieden ist und die auch nicht nur zwei bis drei Wochen auf den Märkten zu kaufen sind.

Abate Fetel

Die italienische Sorte ist vorwiegend in der kühleren Jahreszeit auf dem Markt. Sie ist gelbgrün bis gelb, berostet, flaschenförmig und weist einen milden Geschmack auf.

Alexander Lukas

Die heimische Birne ist glänzend-gelb mit roten Bäckchen und gilt als ausgezeichnete Winterfrucht.

Clapps Liebling

Auch diese Birne kommt aus heimischem Anbau. Die Sommerbirne ist hell- bis gelblich-grün, dabei mit roten Streifen versehen. Die beulige Frucht ist mildgewürzt.

Dr. Jules Guyot

Frankreich, Spanien und Italien liefern diese hellgrüne bis gelbe, teils berostete Sommerbirne. Ihr Aroma ist zart würzig.

Packhams Triumph

Gellerts Butterbirne

Deutschland, Holland und Südafrika liefern diese Frühjahr-Sommerfrucht. Sie ist gelbgrün, berostet und gilt als hervorragend schmeckende Birne.

Gute Luise

Aus heimischem Anbau sowie aus Holland und Italien kommt diese Sommer- und Herbstbirne auf den Markt. Sie ist grün bis gelbgrün, leicht gerötet und hat den typischen feinen Birnengeschmack.

Kaiser Alexander

Diese Herbst-Winterfrucht aus Italien kommt zimtfarbig auf den Markt. Ihr Aroma ist nur schwach ausgeprägt.

Köstliche von Charneux

Aus Deutschland und Holland erhal-

ten wir diese Spätherbstbirne. Sie ist gelblich mit roten Streifen. Die Frucht ist saftig und sehr süß, dabei würzig.

Packhams Triumph

Südamerika, Australien und Südafrika liefern uns im Frühjahr und im Sommer die gelbe, leicht gerötete knollige Frucht. Sie weist ein angenehmes birnentypisches Aroma auf.

Passa Crassana

Die Winterfrucht kommt aus Italien. Diese hartschalige, grünlich-gelbe, mit rötlichen Flecken versehene Frucht gilt als die Königin der Winterbirnen. Ihr Geschmack ist angenehm säuerlich.

Santa Maria

Die Herbstbirne aus Italien besticht durch ihren süßsäuerlichen, würzigen Geschmack. Sie wird grüngelb und weist häufig rote Backen auf.

Williams Christ

Außer Deutschland liefern uns vor allem Südafrika, Italien und Frankreich die vielleicht bekannteste Birne. Sie kommt bereits vereinzelt im Frühjahr auf den Markt und ist bis zum Spätherbst anzutreffen. Die gelbe, manchmal auch leicht gerötete Birne gilt nicht nur als Standardsorte für das bekannte Obstwasser, auch für den Verzehr ist die saftige Frucht bestens geeignet.

3. Wenn Sie die Birnen bald essen möchten, kaufen Sie am sinnvollsten ausgereifte Früchte. Für eine Lagerung, auch kurzzeitig, sollten Sie lieber nicht ausgereifte Früchte kaufen, denn Birnen reifen bei Zimmertemperatur gut nach. Dazu kommt, daß Birnen im allgemeinen druckempfindlich sind, reife Früchte also bei längerem Transport leicht faulen, wenn sie nicht sehr vorsichtig behandelt werden. Vor allem reife Birnen deshalb stets in einer separaten Tüte einpacken lassen. Lagern können Sie vor allem die Sorten ›Kaiser Alexander‹, ›die Köstliche von Charneux‹ und ›Alexander Lukas‹. Diese Birnen sind ideal im Keller aufzubewahren, aber nur nebeneinandergelegt. Sie sollten aber mindestens einmal pro Woche bereits ausgereifte Früchte entfernen. Natürlich sollten Sie zum Lagern keine reifen Früchte nehmen.

4. Die Sorten ›Clapps Liebling‹, ›Kaiser Alexander‹, ›Köstliche von Charneux‹ und die ›Williams Christ‹-Früchte eignen sich auch als Kompott oder als Begleiter zu Wildgerichten. Für eine Birne Helene sind sie zu empfehlen. Die ›Gute Luise‹ können Sie auch zu Bohnen, geräuchertem Fleisch und Kartoffeln gekocht servieren.
Alle anderen oben erwähnten Früchte ißt man am besten roh. Natürlich sind auch die erstgenannten Früchte in diesem Abschnitt zum Rohessen geeignet, und nicht zuletzt kann man Torten oder Kuchen damit füllen.

5. Birnen haben nur wenig Säure, das läßt ihren Geschmack süß bis sehr süß erscheinen. Dabei sind Birnen kaum kalorienhaltiger als ein Apfel, der nur deshalb nicht so süß schmeckt, weil er einen höheren Gehalt an Fruchtsäure aufweist.

Birnen enthalten vor allem das Vitamin B und die Mineralstoffe Calcium, Kalium und Phosphor in höheren Mengen.
Den Mangel an Vitaminen gleicht unsere Birne durch den hohen Gehalt an Mineralstoffen wieder aus. Nicht zuletzt dieser Umstand macht sie zu einem wichtigen Nahrungsmittel.

Brombeere

1. In den Wäldern Nordamerikas und Eurasiens wuchsen die Vorläufer unserer Brombeere.
Heute ist sie als kultivierte ebenso wie als Wildfrucht in Europa, Amerika und Asien anzutreffen. Die zwischen August und Oktober angebotenen

Brombeeren

Beerenfrüchte stammen nicht nur aus heimischem Anbau, sie werden auch aus der ČSFR und einigen weiteren Ländern importiert.

2. Neuere Züchtungen der Brombeersträucher bescheren uns beinahe dornenfreie Büsche. Wer schon einmal Brombeeren in freier Natur gepflückt hat, wird das zu schätzen wissen.
Die Brombeeren zählen zu den sogenannten Sammelfrüchten, die man an zahlreichen kleinen und zusammenhängenden Steinfrüchten auf einem zapfenförmig angeordneten Fruchtboden erkennen kann. Die je nach Sorte bis zu 3 cm großen Beeren sind dunkelrot bis schwarzviolett gefärbt. Ihr Geschmack ist süß-säuerlich. Ihr Aroma und ihr hoher Saftanteil machen sie zu einem Leckerbissen.
Sollten Sie einmal Wildbrombeeren auf den Märkten entdecken, so greifen Sie zu. Diese sind zwar teurer, aber durchweg aromatischer als ihre kultivierten Verwandten.

3. Da Brombeeren sehr saftig und auch sehr druckempfindlich sind, achten Sie beim Einkauf auf möglichst unbeschädigte Ware.
Tragen Sie die Früchte vorsichtig und essen Sie diese möglichst rasch, da Brombeeren auch im Kühlschrank nicht länger als zwei Tage aufbewahrt werden sollten.

4. Wer diese Früchte nicht roh essen mag oder sie nicht mit Haferflocken oder Müsli und Milch verspeisen will, der hat trotzdem noch einige Verwertungsmöglichkeiten. Als Marmelade,

Kompott, Kuchenbelag oder als Teil des Rumtopfes finden Brombeeren stets ihre Liebhaber. Durch ein Sieb gestrichen, sind sie auch als Fruchtsaucen zu Eis und anderen Desserts eine Delikatesse.

Auf einem Tablett vorgefroren, eignen sich die Beeren auch zum Tiefkühlen.

5. Brombeeren sind sehr inhaltsreiche Früchte. Sie weisen die Vitamine A, B, C und E auf. Daneben enthalten Sie auch die Mineralstoffe Calcium, Eisen, Kalium, Magnesium und Phosphor.

Cherimoya

1. Bereits die Inka schätzten diese Frucht aus den peruanischen Anden. Außer in Südamerika werden Cherimoyas heute auch in Spanien, Israel und einigen weiteren Ländern angebaut.

Vor allem zwischen September und Februar kann man diese Früchte auf unseren Märkten kaufen. Hauptlieferanten sind Spanien, Israel, Brasilien und Chile.

2. Die meist faustgroßen Cherimoyas sehen auf den ersten Blick nicht sehr einladend aus. Konisch bis herzförmig, schuppenartig angeordnete Struktur, hell- bis graugrün, manchmal mit schwarzen Flecken, wer sie zum ersten Mal sieht, läßt sie lieber liegen. Dabei sind die im Durchschnitt 250 g schweren Früchte eine Delikatesse. Ihr weißes bis leicht bläuliches Frucht-

fleisch hat zwar dunkelbraune, nicht eßbare Kerne, doch das Fleisch schmeckt nicht zu aufdringlich süß, dabei hocharomatisch. Es erinnert an eine Mischung aus Erdbeeren mit Schlagsahne, manche Sorten erinnern an eine Bananen-Vanille-Kombination.

3. Cherimoyas werden unreif geerntet. Beim Einkauf achten Sie darauf, wann Sie die Früchte essen möchten. Reife Früchte erkennen Sie an den schwarzen Flecken auf der Schale, und bei leichtem Fingerdruck muß die Schale nachgeben.

Aber nicht zu häufig testen; die Früchte sind druckempfindlich, und die Farbe signalisiert ja bereits den Reifegrad.

Zu Hause können Sie unreife Cherimoyas bei 12–18 °C nachreifen las-

Cherimoya

sen – aber nicht länger als eine Woche aufbewahren.

Niemals die Früchte in den Kühlschrank legen, niedrige Temperaturen zerstören den zarten Geschmack.

4. Zuerst halbieren Sie die Früchte der Länge nach, dann entfernen Sie die Kerne, was keine große Mühe bereiten wird. Ob Sie dann das Fruchtfleisch auslöffeln, mit Zitronensaft, pur oder mit einem Likör gewürzt, das überlassen wir Ihrem Geschmack.

Auch zu Obstsalaten oder mit Eis sollten Sie Cherimoyas probieren. Für einen Früchtebecher empfehlen wir vor allem Kakis, Mangos, Bananen, dazu vielleicht noch Äpfel und Birnen.

5. Cherimoyas enthalten Calcium, Eisen und Phosphor, dazu die Vitamine B und C.

Clementine

1. Vermutlich sind Clementinen eine zufällige Verbindung von Mandarinen und Tangerinen. Entdeckt wurden sie vor weniger als 100 Jahren in einem algerischen Garten. Hauptanbaugebiete sind heute die Mittelmeeranrainer, von denen wir von November bis Februar Importe beziehen.

2. Clementinen ähneln den Mandarinen in der Form. Ihre etwas dickere Schale umhüllt ein dunkeloranges, sehr saftiges Fruchtfleisch. Ihr Säure-Zucker-Verhältnis läßt sie süß schmek-

Clementine

Cranberries

Achten Sie lediglich auf die Vermerke, die wir im oberen Kapitel aufgelistet haben.

Im Kühlschrank können Sie Clementinen mindestens zehn Tage lagern.

4. Schälen, die weiße Haut entfernen und die einzelnen Fruchtfächer verspeisen, so werden auch die Clementinen bevorzugt gegessen.

Gerade kernlose Sorten können Sie aber auch zu Kuchen und Desserts verarbeiten, vor allem, wenn Sie die einzelnen Fruchthäutchen entfernen.

Für Geflügel- und Reisgerichte eignen sie sich ebenfalls besonders gut; weit besser als Mandarinen, sofern Sie nicht Kerne im Essen schätzen.

5. Ihre Inhaltsstoffe sind mit denen der Mandarine vergleichbar.

ken; geschält verbreiten sie ein intensives, angenehmes Aroma.

Im Handel müssen Clementinen wie folgt ausgezeichnet werden:

Clementinen ohne Kerne

Clementinen (dürfen 1–10 Kerne enthalten).

Alle anderen Bezeichnungen, und seien sie noch so ansprechend, weisen auf ein Mehrfaches an Kernen hin.

3. Clementinen dürfen mit Blatt und Stiel verkauft werden. Die EG-Verordnungen gestatten das ausnahmsweise. Das macht Clementinen auch optisch zu einem Vergnügen und signalisiert nebenbei noch Frische. Aber auch Früchte ohne dieses Grün können Sie ruhig kaufen.

Cranberry

1. Die Cranberry ist eine enge nordamerikanische Verwandte unserer heimischen Preiselbeere.

Auch in Europa hat diese Frucht inzwischen Fuß gefaßt und wird vor allem in Mitteleuropa angebaut.

Vor allem aber erhalten wir diese Früchte zwischen September und Dezember aus den USA.

2. Rund oder oval geformt, kann die Cranberry einen Durchmesser von bis zu 2 cm erreichen.

Die Schale ist mehr oder weniger intensiv rot, und das Fruchtfleisch kann mittelrot bis schwarzrot werden. Es ist dabei ziemlich fest und enthält viele Samenkerne. Mit ihrem herb-säuerlichen Geschmack ähnelt sie unserer Preiselbeere.

3. Die meist in Schalen angebotenen Früchte lassen sich im Kühlschrank einige Wochen frisch halten. Dabei aber ab und zu die Beeren untersuchen und eventuell aussortieren.

Auch einfrieren lassen sich diese Früchte gut.

4. Ähnlich wie die Preiselbeeren lassen sich auch die Cranberries verarbeiten. In stehendem Wasser kurz verlesen, dann zu Chutney oder Relish, Konfitüren, Gelee oder Kompott verarbeiten.

21

Sie eignen sich so auch zur Beigabe für Wildgerichte, Geflügel und Schmorfleischgerichte.

5. Bemerkenswert ist ihr Gehalt an Vitamin C. Daneben weisen sie auch einen erwähnenswerten Anteil an Eisen, Kalium und Magnesium auf.

Dattel

1. Ursprünglich stammt die Dattel, die den Palmengewächsen angehört, aus Mesopotamien, dem Zweistromland. Von dort wurde diese Pflanze, auch »König der Oase« genannt, im ganzen Nahen Osten sowie in Nordafrika verbreitet und seit etwa 200 Jahren auch in die südlichen Staaten der USA gebracht.
Frische Früchte werden heute hauptsächlich aus Israel importiert, Trockenfrüchte kommen aus dem Iran, Irak, den USA und einigen nordafrikanischen Staaten. Die Belieferung mit frischen Datteln ist das gesamte Jahr über gewährleistet.

2. Frische Datteln sind nicht im eigentlichen Sinn frisch, sondern werden sofort nach der Ernte in vollreifem Zustand eingefroren. Dann erst gelangen die Früchte in den deutschen Handel, wo sie dann aufgetaut zum Verzehr angeboten werden. Die Früchte werden etwa 5–10 cm lang, haben eine braune, glänzende Haut. Das klebrige braune Fruchtfleisch mit Honigaroma ist weniger süß, dafür aber saftiger als das der wahrscheinlich bekannteren getrockneten Früchte.

3. Die Datteln sollten keine braunen Flecken auf der Schale aufweisen. Frische Früchte können Sie einige Tage im Kühlschrank aufbewahren. Sie können sie aber auch noch bis zu drei Monaten erneut einfrieren.

4. Die leicht ablösbare Haut der Datteln kann mitgegessen werden. Das Abziehen empfiehlt sich bei der Verwendung zu Cremes, Eis oder Tortenfüllungen.
In Fruchtsalaten, im Müsli oder bei einer Verarbeitung zu Konfekt sollten Sie auf die ballaststoffreiche Schale nicht verzichten.

5. Datteln enthalten zwar relativ viel Zucker, trotzdem sind sie für die Ernährung sehr interessant. Sie enthalten reichlich Vitamin D, sowie Eisen, Phosphor und Magnesium.
Schon vier Datteln genügen, um den Tagesbedarf an Eisen eines Erwachsenen zu decken. Im übrigen ist die Dattel leicht verdaulich.

Frische Datteln

Erdbeere

1. Die Erdbeere, wie man sie heute kennt, ist vor etwa 200 Jahren durch Kreuzungen verschiedener amerikanischer Wildformen entstanden. Bis heute bemühen sich Züchter um immer schönere, aromatischere und transportfähigere Früchte, daher auch die große Sortenvielfalt.
Da die Nachfrage nach dieser in Deutschland wohl beliebtesten Frucht überaus groß ist, kommen zu den enormen Ernten aus heimischem Anbau Importe aus Spanien, Italien und einigen weiteren Ländern. Dennoch werden Erdbeeren nur in den Frühjahrs- und Sommermonaten angeboten. Den Züchtern bleibt also noch viel zu tun, auch wenn gelegentlich Erdbeeren im Winter auftauchen.

2. Aufgrund der Sortenvielfalt hat die Erdbeere sowohl verschiedene Formen, von rundlich über spitz- oder stumpfkegelig und oval, wie auch starke Abstufungen im Farbton, der vom zarten, hellen bis hin zu intensivdunklem Rot reicht.
Auch das Aroma der im allgemeinen saftreichen Frucht ist stark sortenab-

Erdbeeren

hängig, und leider garantiert eine tiefrote, pralle, große Frucht noch keinen köstlichen Geschmack. Leider hat man mit transportfähigeren Früchten auch deren Aroma verändert. Jetzt sind sie zwar haltbarer, aber weniger kräftig im Geschmack.

Ganz anders ist es bei der viel kleineren Walderdbeere mit ihrem noch einzigartigen Aroma. Es gibt inzwischen Züchtungen dieser Wildfrucht, die sich ihr Aroma bewahren konnten und dazu auch im Balkonkasten wachsen.

Auf den Märkten werden die kleineren Verwandten der Gartenerdbeere aber nur sehr selten und wenn, dann sehr teuer angeboten. Beide Sorten sind Sammelfrüchte, in deren Fruchtfleisch eingesenkte Samen liegen.

3. Wie schon erwähnt, ist es nicht möglich, den Geschmack der Beere am Aussehen zu erkennen. Auch werden Sortennamen, die bei der Auswahl behilflich wären, nicht angegeben. Es empfiehlt sich, nur dort zu kaufen, wo man auch probieren darf. Beim Kauf darauf achten, daß Stiele und Kelchblätter noch frisch aussehen und die Ware nicht eingedrückt ist. Da die Beeren vor allem in Schälchen abgepackt angeboten werden und dabei leider oft untenliegende Früchte verdorben oder zu arg gequetscht wurden, sollten Sie die Ware in einen mitgebrachten Behälter umfüllen lassen oder offene Ware kaufen.

Am besten schmecken Erdbeeren so frisch wie möglich verzehrt. Im Kühlschrank lassen sie sich aber noch bis zu zwei Tage aufbewahren. Sie sollten aber die Früchte untersuchen und schlechte Ware sofort entfernen.

Zum Einfrieren sollten Sie diese Früchte auf einem Tablett auslegen und vorfrieren, dann erst abpacken. Zusätzliches Schockgefrieren verringert die Gefahr, daß sich zu große Eiskristalle in der Beere bilden, was beim Auftauen oft zur Folge hat, daß die Früchte matschig werden. Erdbeeren können Sie bis zu einem Jahr tiefkühlen. Wenn Sie Früchte später pürieren möchten, so tun Sie das lieber gleich. Das spart Platz im Gefrierschrank.

4. Cremes, Parfaits und Quarkspeisen sind nur einige von vielen Verwendungsmöglichkeiten für Erdbeeren. Es geht wohl nichts über einen mit aromatischen Erdbeeren belegten Kuchen, garniert mit Schlagsahne.

Weitere Möglichkeiten: Verarbeitung zu Marmeladen oder Kompotten, eventuell mit anderen Früchten kombiniert oder mit Rhabarber gemischt. Auch in Bowlen oder Rumtöpfen werden Erdbeeren gerne verwendet. Püriert, mit oder ohne Kerne, die man durch Passieren entfernen kann, sind Erdbeeren auch als Fruchtsaucen zu Desserts oder in tropischen Drinks mit Rum beliebt.

Noch einige Hinweise zur Verarbeitung: Erdbeeren immer erst nach dem Waschen putzen, sonst gehen leicht Saft, Aroma und Inhaltsstoffe verloren. Ganze Früchte erst kurz vor dem Verzehr zuckern, da Erdbeeren schnell Saft ziehen und weich werden.

5. Auch mit Inhaltsstoffen ist die Erdbeere reich ausgestattet. So enthält sie die Vitamine A, B und C, sowie vor allem Calcium, Kalium und Phosphor, ebenso viel Eisen. Manche Menschen reagieren auf den Genuß von Erdbeeren mit leichtem Ausschlag, der jedoch meist rasch abklingt.

Feige

1. Der aus dem Orient stammende Feigenbaum wurde von phönizischen Seefahrern im gesamten Mittelmeerraum verbreitet. Seit Beginn des Jahrhunderts kultiviert man Feigen auch in Kalifornien.

Der größte Teil der ganzjährig erhältlichen Feigen wird von Italien importiert.

2. Die frische Feige hat die Form einer kleinen, rundlichen Birne. In der Farbe variiert sie von gelbgrün über braungrün bis hin zu dunkelviolett, wobei die helleren Sorten säuerlicher schmecken als die intensiv-süßen dunklen.

Das Fruchtfleisch, das unter der nicht eßbaren Schale sitzt, kann je nach Sorte hell- bis dunkelrot sein und umhüllt viele eßbare Kernchen.

Getrocknete Feigen sind rund und flachgedrückt, haben eine goldgelbe bis honigbraune Färbung und schmecken auch etwas nach Honig.

3. Frische Feigen können einen Grauschleier aufweisen, das ist, wie bei den getrockneten Früchten, nicht etwa ein negatives Qualitätsmerkmal, sondern es handelt sich hier um kristallisierten Zucker.

Frische Feigen, die bereits einige Tage transportiert werden mußten, kann man im Kühlschrank noch einige Tage lagern. Dabei müssen Druckstellen vermieden werden, die Früchte also nicht übereinander lagern. Beim Kauf müssen Sie auf bräunliche Verfärbungen achten, denn diese Früchte sind bereits verdorben.

Einer Feige kann man ihren Geschmack leider nicht ansehen. Bevor Sie mehr davon kaufen, sollten Sie eine probieren, was Ihnen der Händler wohl nicht gestatten wird. Deshalb ein Stück kaufen, aufschneiden lassen und testen. Leider schmecken Feigen nämlich häufig wäßrig oder haben keinerlei Aroma.

4. Am besten schmecken frische und reife Feigen pur. Dazu einfach halbieren und auslöffeln. Feigen passen aber auch zu Cremes, Torten und zu Eis. Warm schmecken sie in Saucen zu Geflügelgerichten besonders gut. Traditionell ist die Beigabe zu Fruchtsalaten, Käse oder feinem rohen Schinken.

Sehr delikat ist auch die Verarbeitung zu Marmeladen. Dazu nehmen Sie am besten grüne und violette Sorten gemeinsam.

Trockenfrüchte verwenden Sie vor allem zu Früchtebrot und Konfekt.

5. Generell enthalten frische Feigen sehr viel Fruchtzucker. Bis zu 20% ist der Anteil, bei den Trockenfrüchten ist er noch höher.

Die Früchte enthalten vor allem Calcium, Eisen, Kalium, Magnesium und Phosphor, dazu das Vitamin A.

Feige

Granatapfel

1. Der Granatapfel gehört zu den Früchten mit ältesten historischen Hinweisen auf eine Kultivierung. Bereits bei den ägyptischen Pharaonen war er eine Grabbeigabe, und auch in den Büchern des Alten Testaments wird er erwähnt. Seinen heutigen Namen erhielt er von den Römern, die ihn malum granatium, kernreichen Apfel, nannten.

Stammte er ursprünglich vermutlich aus Persien, so importieren wir heute diese Frucht, vor allem in den Wintermonaten, aus der Türkei und Israel sowie aus Spanien.

2. In Form, Größe und Farbe, messinggelb bis dunkelrot, erinnert der Granatapfel an unseren heimischen

Granatapfel

Apfel. Er hat dagegen eine bis zu 0,5 cm dicke, ledrige bis harte und ungenießbare Schale sowie auffällige, verhärtete Kelchzipfel. Im Inneren der Frucht befinden sich in einigen Fächern die Samenkerne, die von rosafarbenem bis rubinrotem, durchscheinendem Fruchtfleisch umhüllt sind. Die Früchte können bis zu 500 g schwer werden. Der Saft schmeckt je nach Sorte und Reife säuerlich bis süß, mit zartem Johannisbeerton.

3. Grüne Granatäpfel reifen bei Zimmertemperatur nach. In kühleren Räumen sind diese Früchte mehrere Wochen lagerfähig.

4. Die roten Samenhüllen des Granatapfels erhält man am leichtesten, indem man ihn mehrmals vom Kelch bis zum Stiel einschneidet und anschließend die Schale abzieht, wobei die Kerne herausfallen. Die weißen, bitteren Häute entfernen.
Mit den Granatapfelkernen lassen sich nicht nur Fruchtsalate farblich und geschmacklich aufwerten, auch als Füllung in Crêpes, auf tropischen Obsttorten oder in exotischen Geflügelgerichten finden sie Verwendung. Eine weitere Möglichkeit ist das Auspressen der Früchte. Dieser Saft kann, mit Zucker zu Sirup verkocht, Drinks und Quarkspeisen verfeinern.
Ein Tip: Vorsicht beim Umgang mit Schale und Saft, heraustropfende Flüssigkeit bringt kaum mehr zu entfernende Flecken (Gerbmittel).

5. Der Gehalt an Inhaltsstoffen ist vergleichsweise unbedeutend.

Grapefruit

1. Die Grapefruit ist das Ergebnis einer gelungenen Züchtung aus Apfelsinen und Pampelmusen und wurde zuerst auf den Westindischen Inseln angebaut.
Hauptlieferanten für unseren Markt sind die USA und die Mittelmeerländer sowie die traditionellen Zitrusanbauländern.

2. Man unterscheidet heute vor allem drei Sorten, die alle etwa 200–250 g schwer sind und zwischen 8 und 12 cm Durchmesser haben:
Die gelbe Grapefruit mit weißlich-gelbem Fruchtfleisch ist die bekannteste Vertreterin. Das Fleisch ist normalerweise kernlos, sehr saftig und mit feinherbem bis bitterem Aroma.

Rosa oder Pink Grapefruit mit ebensolchem Fruchtfleisch, das milder schmeckt als das des gelben Originals. Die Schale ist meistens gelb, gelegentlich mit rötlichem Schimmer versehen. Rote Grapefruits sind an rötlichen Flecken auf der Schale zu erkennen. Das rötliche Fruchtfleisch ist noch saftiger und schmeckt angenehm süß.

3. Wenn Sie Grapefruits sehr bald verzehren möchten, achten Sie auf die Schale. Gibt sie auf leichten Druck nach, sind die Früchte voll ausgereift und haben ihren geschmacklichen Höhepunkt erreicht.
Flecken auf der Schale sind normalerweise klimabedingt und insofern kein Qualitätsmerkmal. Nur Früchte mit braunen Flecken sollten Sie nicht mehr kaufen.

Rote und gelbe Grapefruits

Fassen Sie Grapefruits ruhig an. Schwere Früchte haben die dünnste Schale und den meisten Saft.

Grapefruits lassen sich auch gut lagern. Je nach Reifegrad im Kühlschrank oder bei Zimmertemperatur sind sie mehrere Wochen haltbar. Bei längeren Lagerzeiten müssen Sie die Früchte unbedingt kühl aufbewahren.

4. Grapefruitschalen sind stets behandelt, dürfen also nie verwendet werden. Bevorzugt man sie pur, halbiert man die Früchte quer, dann lösen Sie mit einem kleinen gezackten Messer die Fruchtsegmente einzeln von innen nach außen, um sie von den Häuten zu lösen. Dann schneiden Sie ringsum entlang der Schale. So kommen Sie am leichtesten an das Fruchtfleisch, ohne daß Ihnen der Saft entgegenspritzt.

Für Salate oder anderweitige Verwendung schälen Sie die Grapefruit, entfernen die weiße Haut darunter und möglichst auch die einzelnen Häutchen, die das Fruchtfleisch umgeben.

Um den gesamten Saft aufzufangen, der dabei austritt, schälen Sie am besten die Frucht über einer Schüssel. Den Saft können Sie nach Belieben pur trinken oder in Longdrinks verwenden.

Grapefruits passen, je nach Sorte, zu Geflügel- und Fischsalaten und zu anderen Früchten mit kräftigem Geschmack in einem Obstsalat.

Bei milder Hitze kurz erwärmt, verfeinern sie Fisch- und Geflügelgerichte. Natürlich können Sie Grapefruits auch zu Marmelade verarbeiten oder als Kuchenbelag verwenden. Zu letz-

terem möglichst rote Sorten nehmen oder mit anderen, milden Früchten kombinieren.

5. Calcium, Eisen, Fluor, Kalium, Magnesium und Phosphor, dazu die Vitamine der B-Gruppe sowie A und C, hochwertiges Vitamin P und zahlreiche Spurenelemente lassen Grapefruits zu hochkarätigen Früchten werden.

Wer Saft und Fruchtfleisch morgens auf nüchternen Magen zu sich nimmt, wird keine Probleme mit der Verdauung haben. Grapefruits gelten nämlich als ausgesprochen verdauungsanregend.

Guave

1. Auch die Guave entstammt den tropischen Gegenden Amerikas. Brasilien, Südafrika und Thailand teilen sich heutzutage die ganzjährigen Importe unserer Märkte. In den USA und Indien verzehrt man sie lieber selbst.

2. Die rundliche bis birnenförmige Frucht hat ein bescheidenes Gewicht von etwa 50 g, selten mehr. Außerdem werden Guaven selten größer als 10 cm im Durchmesser.

Gelb ist die vorherrschende Farbe der dünnen Schale, manchmal mit weißen oder rosa Schattierungen. Sortenbedingt kann das Fruchtfleisch weißgrünlich, gelb oder lachsrosa sein. Neuere Züchtungen haben übrigens kaum noch Kerne.

Guave

Der Geschmack des Fleisches gleicht einer Kombination aus Birnen, Feigen und Quitten.

3. Die Luftfracht macht Guaven etwas teurer. Dieser Transportweg läßt sich allerdings nicht vermeiden, da auch grüngelbe, halbgereifte Guaven schnell verderben.

Reife Guaven – andere sollten Sie nicht essen – können Sie am Geruch erkennen. Intensiver und leicht stechender Geruch sind die Merkmale der eßbaren Frucht und signalisieren schnellen Verbrauch. Man sollte sie notfalls nur noch kurze Zeit im Kühlschrank lagern.

Die anderen Früchte am besten nicht unter 8 °C nachreifen lassen, dabei diese Guaven ab und zu mit etwas Wasser besprühen.

4. Die reife Guave dünn schälen, dann können Sie diese wie einen Apfel essen. Wenn Sie mögen, dürfen Sie auch ruhig die Kerne verspeisen. Nur sollten Sie die Kerne nicht zerkauen, sondern einfach herunterschlucken, sie sind nicht sehr groß, zudem ist ihr Geschmack nicht eben bedeutend. Wir selbst entkernen die Guaven lieber.

Das süß-säuerliche Fruchtfleisch paßt auch sehr gut zu Obstsalaten, Joghurt- und Quarkspeisen und zu Käseplatten.

Auch als Kuchen- und Tortenbelag werden sie gern verwendet. Guaven sind auch feine Früchtchen zum Naschen. Je nach Vorliebe mit Zucker, Limettensaft oder Schlagsahne serviert, ergeben sie ein köstliches und schnelles Dessert.

5. Der Vitamin-Herkules ist besonders reich an Vitamin C, davon enthält er bis zu achtmal soviel wie Zitronen.

Dazu kommen noch die Vitamine A und B, ferner etliche Mineralstoffe, vor allem Calcium, Eisen und Phosphor sowie Pektin.

Heidelbeere

1. Die Heidelbeere, regional auch Blau- oder Schwarzbeere genannt, wächst in den Wäldern und Heiden Nordamerikas ebenso wie im nordwestlichen Asien oder in Mittel- und Nordeuropa.

Zwischen Juni und September erhalten wir diese Beeren vorwiegend aus den nächstgelegenen Sammelgebieten, auch Osteuropa liefert uns die begehrte Ware.

2. Die Waldheidelbeere ist etwa erbsengroß, blau- bis schwarzviolett und bereift. Im sehr saft- und fruchtsäurereichen Fleisch sitzen viele kleine Kerne. Sie gilt als eine der aromatischsten Beerensorten.

Daneben wird noch die größere, hellere Kulturheidelbeere angeboten, die allerdings nicht an den Geschmack der Wildfrucht heranreicht.

3. Durch das mühselige Sammeln der Früchte sind die Wildheidelbeeren sehr teuer. Da die Beeren sehr druckempfindlich sind, sollten Sie auf eine sorgfältige und behutsame Verpackungsart achten.

Heidelbeeren sollten Sie nicht länger als zwei Tage flach ausgebreitet im Kühlschrank aufbewahren. Besser ist aber sofortiger Verbrauch, da diese Früchte schnell an Aroma einbüßen und leicht schimmeln.

Gewaschen und verlesen können Sie die Früchte, einzeln auf dem Tablett ausgelegt, auch gut vorfrieren und später verpacken.

4. Ob nun selbstgepflückt oder gekauft, die Beeren müssen erst gründlich verlesen werden. Dazu die Früchte in eine Schüssel mit Wasser geben. Oben schwimmende Tannennadeln, Blätter, Stiele und sonstige Fremdkörper können Sie so abschöpfen.

Am intensivsten schmecken Heidelbeeren mit Milch oder Sahne zubereitet. Da jedoch Wildfrüchte Überträger eines Fuchsbandwurmes sein

Kulturheidelbeeren

27

können, sollten Sie diese, im Gegensatz zu Kulturheidelbeeren, möglichst nicht roh verzehren.

Gegart eignen sich Heidelbeeren vor allem auf Kuchen und Torten, zu Cremes, Heidelbeermousse, Obstgrützen, Eis, Parfait, Strudel und Baisertörtchen.

Eventuelle Saftflecken entfernen Sie am besten durch sofortiges Einreiben mit Zitronensaft und anschließendem Auswaschen mit Waschmittellauge.

5. Die Heidelbeeren enthalten vor allem Vitamin C und Eisen. Dazu kommen einige wertvolle Fruchtsäuren.
Den getrockneten Beeren wird eine heilende Wirkung bei Durchfallerkrankungen zugeschrieben.

Himbeere

1. Die Waldhimbeere ist in den mittleren bis nördlichen Regionen Europas, Amerikas und Asiens beheimatet. In den gleichen Gebieten wird heute auch die Kulturhimbeere angebaut.
In den Monaten Juni bis September erhalten Sie diese Frucht. Die Beeren stammen vorwiegend aus heimischem Anbau.

2. Die 1–2 cm große Frucht ist eine Sammelfrucht, das heißt, sie setzt sich aus vielen kleinen Fruchtperlen mit je einem Kernchen, rund um den Blütenboden angeordnet zusammen.
Die Früchte sind rot, je nach Sorte hell bis dunkelfarben. Sie sind rund bis langkegelig geformt. Die beliebten Beeren sind sehr saftig und weisen ein feines Aroma bei wenig Säure auf.

Neben den Kulturhimbeeren, die den überwiegenden Teil des Angebotes stellen, werden auch Waldhimbeeren angeboten. Diese sind etwas kleiner und rundlicher als ihre gezüchteten Schwestern. Ihr Aroma ist besonders ausgeprägt, was bei den Zuchtsorten zum Teil verlorenging.

Bedauerlicherweise wird das Aroma aber auch von Maden sehr geschätzt, die sich in den wilden Früchten nicht selten einnisten.

3. Die frische Ware sollten Sie sorgfältig prüfen, da Himbeeren sehr druckempfindlich sind. Bereits durchweichte Schachteln verraten eine mangelhafte Handhabung. Nicht kaufen!
Himbeeren sollte man sofort verbrauchen, allenfalls höchstens zwei Tage im Kühlschrank flach ausbreiten. Auf einem Tablett vorgefrostet, können Sie die Früchte dann in Beuteln verpackt bis zu einem Jahr einfrieren.

4. Die Palette der Verwendungsmöglichkeiten für Himbeeren ist breitgefächert. Von Cremes, Kaltschalen und Roter Grütze über Himbeertorte bis zur Beilage zu feinen Geflügelsalaten oder Himbeeressig. Hervorragend sind auch selbstgemachte Marmeladen oder Fruchtsaucen zu Eis und anderen Desserts. Für Saucen sollten Sie die Früchte aber durch ein feines Sieb streichen, um die Kerne auszusondern.

Himbeere

Übrigens ist es ratsam, Himbeeren vor dem Verarbeiten nicht zu waschen, da sie sonst leicht ausbluten. Notfalls kurz in lauwarmem stehendem Wasser reinigen, gut abtropfen lassen und sofort weiterverarbeiten.
Daneben lassen sich Himbeeren auch mit Flüssigem kombinieren. In Himbeergeist, mit etwas Zucker mariniert, ergeben sie mit Sekt aufgefüllt einen herrlichen Aperitif – den man auch nach dem Essen trinken kann!

5. Himbeeren enthalten das bei Früchten selten vorkommende Vitamin E, dazu noch A, B und C. An Mineralstoffen sind vor allem Eisen erwähnenswert, neben Calcium, Kalium und Phosphor. Pektin und verschiedene Fruchtsäuren ergänzen den gesundheitlichen Wert dieser Beeren.

Johannisbeere

1. Während die roten Johannisbeeren in Nordosteuropa und im nordwestlichen Asien beheimatet sind, stammt die schwarze Johannisbeere aus den wärmeren Regionen Südeuropas.

Der deutsche Markt wird auch aus Holland, Belgien und einigen osteuropäischen Staaten beliefert.

Die rote Beere kommt von Juni bis August auf unsere Märkte, die schwarze Beere vor allem im Juli und August.

2. Bei beiden genannten Sorten sitzen die etwa 0,5 – 1 cm großen kugeligen Beeren an kurzen Stielen wie Trauben an einer Rispe. Die Schale der Früchte ist glatt, das Fruchtfleisch enthält zahlreiche Samenkerne.

Sortenabhängig weisen rote Johannisbeeren eine hellrote bis intensiv dunkelrote Färbung auf. Die Beeren schmecken erfrischend säuerlich.

Schwarze Beerensorten sind dunkelviolett bis schwarz. Der Geschmack ist herb-säuerlich, und nicht jeder mag ihn so streng. Der Duft, den diese Beerensorte verströmt, wird oft mit dem Sekret der Blattwanzen verglichen, weshalb man die schwarzen Beeren auch Wanzenfrucht nennt. Dieser Namensgeber war sicherlich kein Freund der dunklen Sorten.

Es gibt auch, bisher allerdings nur für den Hobbygärtner, weiße Johannisbeeren, die ziemlich süß schmecken. Es bleibt abzuwarten, ob sie sich auf dem Markt durchsetzen können.

3. Johannisbeeren sind sehr druckempfindlich, und so sollten Sie beim Einkauf auf einwandfreie Ware achten. Nebeneinander können Sie die Beeren im Kühlschrank noch einen Tag aufbewahren, notfalls auch zwei. Diese Beeren können Sie auch ohne Vorfrosten einfrieren. Dafür aber möglichst auf flache Behälter achten.

4. Johannisbeeren müssen Sie vor dem Putzen in stehendem Wasser waschen. Die Beeren am besten mit den Fingern oder einer Gabel von den Rispen abzupfen.

Ob gefüllte Windbeutel, Biskuitrollen, Sahnetorten, Baiserkuchen, Eis, Cremes, Wild- und Geflügelgerichte, die Rote Johannisbeere ist eine Allroundfrucht. Selbst Johannisbeergelee läßt sich nicht nur auf Brot essen, sondern paßt auch zu Wildgerichten.

Schwarze Beeren werden hauptsächlich zur Saftgewinnung verwendet. Creme de Cassis ist übrigens ein Likör aus diesen Früchten.

Aus beiden Sorten kann man auch, mit anderen Früchten kombiniert, Rote Grütze zubereiten.

Zum Herstellen von Fruchtsaucen streichen Sie die Beeren durch ein Sieb. Zerhackte Beeren schmecken nicht so gut, ebenso sollten Sie die Früchte nicht mit einem Pürierstab bearbeiten.

5. Johannisbeeren enthalten reichlich Fruchtsäuren. Neben einem Mineralstoffcocktail aus Calcium, Kalium, Magnesium und Phosphor sind gerade die schwarzen Beeren Vitamin-C-Bomben.

Der Saft vor allem schwarzer Früchte soll gegen Erkältungen vorbeugen sowie bei Gicht oder Rheuma helfen.

Schwarze Johannisbeere

Rote Johannisbeere

29

Kaki

1. Wo man die Kaki zuerst fand, ob in China oder Japan, ist umstritten. Tatsache ist, daß die Kakifrucht, auch Kakipflaume oder Kakiapfel genannt, inzwischen in allen wärmeren Regionen der Erde kultiviert wird.

Unser heimischer Markt wird von März bis Juni und in den Herbstmonaten vor allem von Italien, Spanien, Israel und Brasilien beliefert.

2. Die Kakifrucht ähnelt in Größe und Form der Tomate. Am Stielansatz sitzen vier große Kelchblätter.

Bei allen Sorten ist die Farbe am auffallendsten, sie reicht von Gelb über Orange bis Rotorange.

Die Haut ist glatt, dünn und leicht glänzend und umhüllt das geleeartige Fruchtfleisch, das nur bei wenigen Sorten Samen enthält.

Kakifrüchte haben, bevor sie vollreif und süß sind, aufgrund der enthaltenen Gerbsäure einen herb-bitteren, oft auch unangenehm pelzigen Geschmack. Das liegt an der vorzeitigen Ernte; man läßt den Kakis kaum Zeit, richtig auszureifen.

Die **Sharonfrucht** dagegen, eine israelische Neuzüchtung der Kaki, wird erst in vollreifem Zustand geerntet und hat einen angenehm süßen, fruchtigen Geschmack, der je nach Sorte an Aprikosen oder eine Mischung aus Birnen und Quitten erinnert.

Die Sharonfrucht ist transportgeeignet, deshalb darf sie länger reifen, im Gegensatz zu ihrer Kakiverwandten.

Sharonfrucht

3. Kakis sollten beim Kauf butterweich sein. Leider werden sie in diesem Zustand nur selten angeboten, weshalb man sie im Kühlschrank noch einige Tage nachreifen lassen sollte. Reife Kakis oder Sharonfrüchte, sie sind auch an ihrer glasigen Schale zu erkennen, sollten Sie möglichst rasch verbrauchen.

4. Zum Rohgenuß sollten Sie die Schale abziehen oder die Frucht längs halbieren und auslöffeln. Eventuell vorhandene Kerne entfernen. Schöne reife Früchte sind auch ideal zum Pürieren und schmecken gut zu Cremes, Mousse, Quarkspeisen, oder man reicht sie zu Salaten und Kompotten.

5. Kakifrüchte weisen einen überaus hohen Gehalt an Vitamin A auf. Dagegen ist ihr weiterer Gehalt an Vitaminen und Mineralstoffen eher bescheiden.

Kapstachelbeere

1. Die Kapstachelbeere hat mit unserer bekannteren Stachelbeere nichts zu tun. Sie gehört auch nicht zu den Beerenfrüchten, sondern zu den Nachtschattengewächsen, wie die Tomate.

Aber diese Frucht hat auch noch andere Namen: Goldbeere, Andenbeere, Physalis.

Ursprünglich beheimatet in Südamerika, wird sie vor allem in Südafrika kultiviert. Auch in unseren Breiten kann die Kapstachelbeere angebaut werden, wenn man sie, wie Tomaten, vorzieht und erst nach den letzten Frösten auspflanzt.

Importe kommen ganzjährig aus Afrika und Neuseeland zu uns.

2. Die Kapstachelbeerpflanze ähnelt im Aussehen der Lampionpflanze, auch Judenkirsche genannt. Ebenso wie diese trägt sie papierartige, ockerfarbene bis bräunliche Blütenkelche, in denen die kleinen, kugeligen Früchte heranwachsen.

Ihr Fruchtfleisch enthält viele kleine Kerne, die man mitessen kann. Die süßen Früchte mit einer feinen Säure erinnern im Geschmack an Ananas.

3. Verkauft werden die Beeren noch in der Blütenkelchhülle. Da diese leicht schimmelt, sollten Sie sie genau betrachten. Zumal diese Früchte bereits häufig abgepackt in Schälchen angeboten werden.

Lagern können Sie die Beeren in ihrer Hülle bis zu fünf Tage. Sie dürfen nicht zu warm, aber auch nicht im Kühlschrank gelagert werden.

Unreife Beeren müssen bei Zimmertemperatur nachreifen. Reife erkennen Sie an den prallen, runden und dann gelben Früchten.

4. Vor der Verwendung müssen die Blütenkelche abgelöst werden. Die Beeren eignen sich dann zum sofortigen Verzehr, auch in Fruchtsalaten oder als Tortenbelag. Für letzteres sollten Sie die Beeren mit einer Nadel einige Male einstechen, da diese dann besser Zucker aufnehmen und auch ihren aromatischen Saft abgeben können.

5. Die kleinen Kapstachelbeeren enthalten sehr viel Vitamin C, dazu A und B, sowie Eisen, Calcium und Phosphor.

Kapstachelbeere, auch Physalis genannt

Karambole
(Sternfrucht)

1. Der Karambolenbaum, er trägt diese äußerst dekorativen Früchte, stammt aus Südostasien. Heute wird die zu den Beeren gehörende Frucht ganzjährig aus Malaysia, Brasilien, Kolumbien und Israel importiert.

2. Von der Sternfrucht werden zwei Sorten angeboten. Zum einen die etwa 10–12 cm lange ovale, goldgelbe Frucht, die im vollreifen Zustand süß ist mit leichtem Stachelbeeraroma. Zum anderen eine etwas kleinere, gelbgrünliche, eher säuerliche Art, die aber vor allem in der Industrie Verwendung findet.

Beiden zueigen ist das durch fünf oder sechs tiefe Längsrippen entstehende, auffallende Aussehen, das aufgeschnitten an einen Stern erinnert.

3. Im Handel werden oft makellose goldgelbe Früchte angeboten, die einen zum Anbeißen ermuntern. Doch schmecken die Früchte in diesem Zustand noch sehr sauer. Die vollreife, süße und aromatische Frucht dagegen weist eine an Bernstein erinnernde Farbe auf. Diese sollte man dem Geschmack zuliebe vorziehen.

Bei Temperaturen um 10 °C können Sie Karambolen einige Tage lagern.

4. Die Sternfrucht ist durch ihre exotische Erscheinung für Dekorationen prädestiniert. Vor allem in Cocktails, Bowlen, auch in Desserts und Kuchen sowie kalten Platten sieht sie einfach betörend aus. Man kann sie auch püriert unter Cremes ziehen.

Auch Konfitüren lassen sich aus den Fruchtstücken herstellen. Die Schale ist eßbar, ebenso die kleinen braunen Samen. Braune Kanten müssen nicht weggeschnitten werden.

5. Die Sternfrüchte enthalten reichlich die Vitamine A und C sowie die Mineralstoffe Calcium, Eisen, Magnesium und Phosphor. Wieder ein Beweis, daß Schönheit nicht schadet.

Kirsche

1. Die Kirsche, ursprünglich aus Kaukasien stammend, wurde, wie viele andere Obst- und Gemüsesorten, von den Römern nach Europa gebracht.

Deutschland ist heute neben Italien, den USA, der Türkei und Frankreich eines der Haupterzeugungsländer. Trotzdem müssen wir in den Kirschenzeiten Mai bis Juni erhebliche Mengen importieren.

2. Es gibt heute einige hundert Sorten von Kirschen, von denen man allgemein drei Hauptsorten unterscheidet.

Süßkirsche

Die Kirschen dieser Gruppe werden nochmals unterteilt nach Herzkirschen, weichfleischig, Knorpelkirschen, festfleischig, wobei die Farben von gelb über gelbrot bis zu schwarzrot variieren.

Sauerkirsche

Sie werden auch Weichseln genannt und sind sehr saftig, dabei säuerlich im Geschmack. Die Schattenmorelle

Süßkirsche

ist wohl die bekannteste. Die Farbe reicht, wie bei ihren süßen Schwestern, von hellgelb über hellrot bis dunkelrot.

Bastardkirsche

Dieser wahrlich nicht noble Name bezeichnet eine Kreuzung aus süßen und sauren Kirschen. Dazu gehören auch die Glaskirschen mit fast weißem Fruchtfleisch. Ihr Fruchtsäureanteil ist höher als bei den Süßkirschen.

3. Kirschen sollten beim Einkauf glatt und fest sein. Durch Regen kurz vor der Ernte können diese Früchte leicht aufplatzen, was aber dem Geschmack nicht schadet.

Kirschen können Sie bis zu drei Tage im Kühlschrank aufbewahren. Achten Sie aber auf Trockenheit, feuchte Kir-

Karambole

schen werden sehr schnell ungenießbar und faulen.

Kirschen können Sie auch einfrieren, um die Saison zu verlängern. Dazu die Früchte waschen und sorgfältig trocknen lassen, auf einem Tablett nebeneinander gelagert im Gefrierschrank vorfrosten lassen, dann erst in Beutel oder Dosen einfrieren. So sind sie bis zu einem Jahr haltbar.

4. Während die Süßkirschen eigentlich roh gegessen werden sollten, sind Sauerkirschen in der Küche vielseitig verwendbar.
Sie eignen sich als Kuchenbelag, Füllung in Torten und Strudeln, zu Fruchtsuppen und Kaltschalen, als Marmelade und Konfitüre, ebenso wie in Saucen zu Wild oder Geflügel.

5. Üblicherweise würde man den Sauerkirschen einen höheren Gehalt an Inhaltsstoffen zutrauen. Das ist aber ausnahmsweise nicht der Fall.
Die Süßkirschen weisen nicht unbeträchtliche Mengen an Calcium, Eisen, Fluor, Kalium, Magnesium und Phosphor auf, dazu die Vitamine A, B, C und E.
Der Anteil der Sauerkirschen ist, mit wenigen Ausnahmen, weit geringer an diesen Inhaltsstoffen. Nicht alles, was süß ist, ist auch ungesund.

Kiwi

1. Die Heimat der Kiwi ist China und Taiwan. Erst seit etwa 100 Jahren werden Kiwis mit wachsendem Erfolg zuerst in Neuseeland, jetzt auch in weiten Teilen Europas, in Amerika, Australien, Südafrika und Japan angebaut.
Das ganzjährige Angebot stammt vor allem aus Neuseeland und aus Italien, bedingt durch den immer noch wachsenden Bedarf auch aus anderen Ländern.

2. Die grün-bräunliche, stark behaarte Frucht wird bis zu 8 cm lang und bis zu 100 g schwer. Der Durchmesser der länglich-ovalen Kiwis beträgt bis zu 5 cm.
Die dünne aber harte Schale verbirgt ein saftig-grünes Fruchtfleisch mit weißlichem Fleisch in der Mitte und vielen schwarzen eßbaren Samenkernen. Kiwis werden ebenfalls nicht unter ihren Sortennamen angeboten. Das ist bedauerlich, denn manche kleinen Sorten schmecken säuerlicher.

Doch, wie gesagt, diese Aussage läßt sich nicht verallgemeinern.
Grundsätzlich erinnern Kiwis im Geschmack an eine Mischung aus Stachelbeeren, Erdbeeren und Melonen. Das erklärt wohl ihren Erfolg.

3. Reife Kiwis geben auf leichten Druck nach. Überreife Kiwis riechen intensiv und nicht besonders angenehm. Diese sollten Sie auf keinen Fall kaufen, da ihr Geschmack nicht mehr empfehlenswert ist. Auch leicht runzelige Früchte sind überreif. Da sie manchmal unsinnigerweise in einem verschweißten Kästchen angeboten werden, sollten Sie darauf gut achten und lieber offene Ware kaufen.
Kiwis können Sie im Kühlschrank bis zu zwei Wochen aufbewahren. Es empfiehlt sich aber, gelegentlich eine Druckprobe durchzuführen. Wenn Sie

Kiwi

33

unreife Kiwis haben, können Sie diese auch bei Zimmertemperatur aufbewahren. Besonders schnell reifen sie neben Äpfeln nach.

4. Die einfachste Art, Kiwis zu essen: Der Länge nach halbieren und auslöffeln. Die Schale nicht mitessen.
Für Obstsalate schälen Sie die Kiwis mit einem kleinen, scharfen Messer und zerteilen die Frucht wunschgemäß. In Scheiben wirkt sie zudem sehr dekorativ.
In Obstsalaten schmecken Kiwis noch besser, wenn sie mit Orangensaft oder Orangenlikör beträufelt werden. Kiwis können Sie auch als Belag für einen Obstkuchen verwenden oder mit Erdbeeren und/oder Stachelbeeren zu einer Konfitüre verarbeiten. Ebenso läßt sich daraus eine Kaltschale herstellen. Wichtig: Die Kiwifrucht enthält ein Enzym, das in Verbindung mit Protein etwas bitter schmeckt. Auch Gelatine wird dadurch nicht fest. Bevor Sie also Kiwis mit Milch, Quark oder Gelatine in Verbindung bringen, sollten Sie die geschälten Früchte in sehr heißem Wasser kurz ziehen lassen. Dadurch wird das Enzym unwirksam.
Verwenden Sie statt Gelatine lieber Agar-Agar, ein Pflanzenprodukt, dann brauchen Sie die Früchte nicht zu erhitzen. Wenn Sie auf das Erwärmen der Kiwis verzichten möchten und die rohen Früchte in einem Müsli oder mit Milchprodukten mischen wollen, dann geben Sie die Kiwis erst unmittelbar vor dem Essen dazu.
Püriert und durch ein Sieb passiert, ergeben Kiwis eine vorzügliche Frucht-

sauce, die Sie zu vielen Desserts reichen können. Kiwischeiben können Sie aber ebenso zu Geflügelsalaten servieren sowie warm zu Hähnchen- oder Putenfleisch und Filets genießen. Dazu die in Scheiben geschnittenen Früchte in der dazugehörigen Sauce ziehen lassen. Für eine Sahnesauce müssen Sie jedoch die Kiwis vorher, wie erwähnt, in heißes Wasser legen.

5. Nicht zuletzt wurden Kiwis auch durch ihre Inhaltsstoffe so beliebt. Neben nennenswerten Anteilen an Calcium, Eisen, Kalium, Magnesium und Phosphor sowie Vitaminen der B-Gruppe und E, ist vor allem der hohe Vitamin-C-Gehalt bedeutsam, der etwa doppelt so hoch ist wie bei Zitronen. Dazu schreibt man Kiwis eine günstige Wirkung auf den Cholesterinspiegel zu.

Kumquat

1. Vor etwa 3500 Jahren wurden in alten Schriften erstmals diese Zwergorangen erwähnt. Chinesische Gelehrte hatten sich schon damals über die Qualitäten dieser Zwerge lobend geäußert. Um so mehr erstaunt der Zeitpunkt des Importes nach Europa. Erst 1847 wurden sie für Europäer und auch Amerikaner entdeckt.
Heute erhält man Kumquats das ganze Jahr hindurch, mit Schwerpunkt in der Herbst- und Wintersaison. Brasilien, China und einige Mittelmeerstaaten sind die Hauptlieferanten.

2. Kumquats sind runde bis längliche, meist 15 g leichte Miniorangen, die selten länger als 4 cm und kaum brei-

Kumquat

ter als 2 cm sind. Die dünne, glatte, rötlichgelbe Schale ist würzig-süß, das hellorange Fruchtfleisch dagegen schmeckt intensiv nach Orange mit einem säuerlichen Einschlag.
Es werden auch rot gepunktete Sorten mit sehr ähnlichem Geschmack angeboten.

3. Die kleinen Früchte kommen per Luftfracht und sind beim Eintreffen normalerweise schon eßreif.
Schadhafte Kumquats erkennen Sie an Dellen in der Schale. Diese Früchte lassen Sie besser liegen.
Lagern können Sie den Winzling bei etwa 10 °C ein bis zwei Wochen lang.

4. Mit Kumquats haben Sie keinen Aufwand. Die stets unbehandelte Schale waschen, abtropfen lassen, und schon kann man sie essen. Die süße Schale kontrastiert hervorragend mit dem säuerlich-würzigen Fruchtfleisch. Durch ihre Größe eignen sich Kumquats natürlich auch als Dekoration. Sie können diese Früchte aber auch zu süßen Fruchtsalaten oder zu pikanten Geflügelsalaten verarbeiten. In Scheiben geschnitten, kommen sie auch optisch darin gut zur Geltung. Kumquats ergeben auch eine vorzügliche Marmelade und in Saucen mitgeschmort, passen sie gut zu Lamm- oder Wildgerichten.

5. Die Zwergorangen sind nicht nur dekorativ, sondern auch noch gesund. Sie enthalten vor allem Vitamin C und die Mineralstoffe Calcium und Phosphor.

Limequat

1. Limequats sind eine neuere Züchtung aus Limetten und Kumquats. Sie werden vorwiegend in Italien, Israel, Südafrika und den USA angebaut und gelangen von dort aus per Luftfracht vor allem zwischen Oktober und April auf unsere Märkte.

2. Die häufig eiförmigen, manchmal auch ovalen Früchte werden bis zu 5 cm lang. Die Schale ist gelblich bis grünfarben, dünn und glatt und umhüllt ein hellgelbes, saftiges und säuerliches Fruchtfleisch.

3. Da Limequats druckempfindlich sind, kaufen Sie nur makellose Früchte ohne Druckstellen. Sie verderben sonst rasch.

Limequat

Aufbewahren lassen sich Limequats bei etwa 10 °C eine knappe Woche lang.

4. Die unbehandelten Schalen brauchen sie nur abzuwaschen und abzutrocknen. Auch bei Limequats haben Sie keinen Abfall; höchstens einen manchmal vorhandenen Stiel müssen Sie entfernen. Durch ihren leicht limettenähnlichen Geschmack passen sie gut zu feinen Fischsaucen. Auch zu kräftigen Fleischeintöpfen werden sie gerne verwendet.
Limequats eignen sich als Dekoration auf Torten, werden aber auch zu Marmelade verkocht.

5. Neben zahlreichen Mineralstoffen enthalten Limequats vor allem reichlich Vitamin C.

Limette (Limone)

1. Die Limette stammt ebenfalls aus dem südostasiatischen Raum. Allerdings ist sie kälteempfindlicher als alle ihre Verwandten.
Der ganzjährige Import wird vor allem durch Brasilien, die USA, Israel und Südafrika gewährleistet.

2. Die etwa 5 cm großen, meist runden, an den Enden abgeflachten Zitrusfrüchte sind reif, wenn sie tiefgrün sind. Die stets unbehandelten dünnen Schalen verbergen ein gelbgrünes, meist kernloses Fruchtfleisch, das wesentlich saftiger und viel aromatischer ist als das der Zitrone.

3. Limetten mit Gelbfärbung sollten Sie nicht kaufen. Auch schrumpelige Früchte oder steinharte haben viel von ihrer Qualität, und vor allem vom Saft, verloren. Tiefe grüne Färbung ohne Flecken signalisiert die besten Qualitäten.

Zum Lagern ist die feine Verwandte der Zitrone nicht so gut geeignet. Sie sollten sie nicht länger als zehn Tage, je nach Reifegrad, aufbewahren.

4. Die Limettenschale ist stets unbehandelt, doch sollten Sie die Schale waschen, abtrocknen und erst dann reiben oder dünn abschneiden. Sie ist feinwürziger als die ihrer gelben Verwandten. Dasselbe gilt auch für den Saft.

Limettensaft wird bevorzugt in der feinen Küche eingesetzt. Sein Geschmack ist wesentlich zurückhaltender und feiner als der Zitronensaft. Somit passen Limetten besser zu Fischsaucen oder zu Fruchtsalaten. Dazu sind sie doppelt so ergiebig.

Man kann Limetten auch zu Marmeladen oder Konfitüren verarbeiten. Verarbeitet zu Parfaits mit Fruchtsaucen schmecken sie herrlich.

In tropischen Drinks, vor allem mit weißem Rum, findet der Saft seine zahlreichen Freunde.

5. Calcium, Kalium und Phosphor sowie das Vitamin C machen die Limette zu einer gesunden Frucht. Allerdings enthalten Zitronen doppelt so viel Vitamin C, weshalb Sie ihr zur Vorbeugung von Erkältungskrankheiten den Vorzug geben sollten. Für die Verwendung in der Küche ist aber der feine Limettengeschmack vorzuziehen.

Lychee (Litchi)

1. Von China, ihrem Ursprungsland aus, wo sie bereits im 3. vorchristlichen Jahrhundert in Büchern erwähnt wurde, fand diese Frucht über die subtropischen Gefilde aller Kontinente Verbreitung. Beinahe das ganze Jahr werden wir mit Importen aus Afrika und Asien versorgt.

2. Lychees, auch Litchis oder Litschis genannt, sind etwa mirabellengroß. Ihre dünne, höckrige, ocker-rosafarbene bis rötliche Schale ist bei der Ernte noch weich. Sie wird mit zunehmender Lagerung härter und dunkler. Darunter sitzt das pralle, weiße und perlmuttschimmernde Fruchtfleisch, dessen Geschmack oft als süßsauer mit Muskataroma und nach Rosen duftend angegeben wird.

In der Fruchtmitte sitzt ein dunkelbrauner, glatter, glänzender Kern, der nicht mitgegessen wird.

Übrigens haben frische Früchte mit den oft angebotenen Dosenfrüchten sehr wenig gemein.

3. Lychees, in China auch mit der Bezeichnung Liebesfrucht umschrieben, sind bei Zimmertemperatur bis zu acht Tage lagerbar. Von Schale und Kern befreit, können sie auch sehr gut eingefroren werden.

Beim Einkauf untersuchen Sie die Schale der Früchte. Unsachgemäß gelagert, können diese leicht schimmeln.

4. Die Schale entfernt man, indem man die Früchte an einer Stelle auf-

Limette, auch Limone genannt

Lychee

knackt und dann die Schale einfach abzieht. Wer mag, kann die Frucht dann noch auf einer Seite aufschneiden und den Kern entfernen.

Lychees können Sie zu Salat, Obstkuchen, Cremes, Eis und Drinks reichen oder zu Kompott verarbeiten. Sie passen auch sehr gut zu asiatischen Fleisch- und Geflügelgerichten. Lychees aber nur kurz mitgaren, da sie sonst leicht zäh werden können. Roh verspeist sind sie aber immer noch am besten.

5. Vor allem enthalten Lychees die Vitamine B und C. Sonst ist ihr Nährstoffgehalt sehr bescheiden.

Mandarine

1. Zuerst auf den Philippinen, in Indien und China angebaut, traten die Mandarinen ihren weltweiten Sieges-

zug zu Beginn des 19. Jahrhunderts an.

Die Mittelmeerländer, Amerika, Australien und das südliche Afrika sind

neben den oben genannten Ländern die Haupterzeuger geworden. Aufgrund verschiedener, meist kernloser Kreuzungen werden die »echten« Mandarinen nur noch begrenzt in den Wintermonaten aus Italien eingeführt.

2. Die dünnschaligen, abgeflacht-runden Früchte enthalten bedauerlich viele Kerne. Durch ihren hohen Zuckergehalt schmecken Mandarinen sehr süß und intensiv orangenähnlich. Beliebtere, mandarinenähnliche Sorten sind Clementinen, Satsumas und Tangerinen, die extra beschrieben werden.

3. Mandarinen können Sie bereits dann essen, wenn die üblicherweise kräftig-orange Färbung noch grüne Flecken aufweist. Sie sind beim Kauf eine problemlose Frucht, nur Stücke

Mandarine

mit matschig aussehenden Stellen sind ungenießbar.

Im Kühlschrank lassen sich Mandarinen etwa zwei Wochen lagern.

4. Die Schale läßt sich problemlos entfernen. Die weiße Haut läßt sich ebenfalls leicht lösen.

Mandarinen eignen sich vor allem für Obstsalate und andere Desserts. Auch zu Geflügelgerichten können sie verwendet werden, indem man sie langsam erhitzt. Doch, wie erwähnt, sie haben viele ungenießbare Kerne, und das regt nicht eben den Appetit an. Verwenden sie zum Kochen daher lieber Clementinen.

5. Neben den üblichen Mineralstoffen, vor allem Calcium und Fluor seien hier erwähnt, enthalten Mandarinen vor allem Vitamine der B-Gruppe sowie A und C und reichlich Fruchtzucker.

Mango

1. Aus dem indisch-burmesischen Monsungebiet bis zu den Ausläufern des Himalaja stammt diese Frucht, die in indischen Schriften vor 4000 Jahren Erwähnung fand.

Buddha ruhte sich angeblich häufiger unter dem Schatten der Mangobäume aus, und indische Prosa quillt vor Mango-Erwähnungen über. Kein Wunder also, daß Indien nach wie vor der größte Produzent dieser Früchte ist, deren Sortenvielfalt auf über 1000 Arten geschätzt wird.

Mango

Indien ist heute auch, neben weiteren Ländern wie Thailand, den USA, Mexiko und Afrika, der Lieferant unserer Märkte. So ist das gesamte Jahr über auch bei uns Mango-Zeit.

2. Herzförmig, länglich-oval oder apfelförmig, die Mango zeigt auch bei uns einen Teil ihrer verschiedensten Erscheinungsformen. Gelbgrün, gelb, rot schattiert und dunkelrot, egal wie die Farbe der Schale auch in den Regalen schillert, das Fruchtfleisch ist stets gelborange.

Die etwa 200 g schweren Mangos – es gibt in ihren Heimatländern auch stattliche, 2 kg schwere Exemplare – weisen ein sehr saftiges, an Pfirsich erinnerndes Fruchtfleisch auf, das einen schwer lösbaren Kern umhüllt. Bei grünen oder gelben Sorten häufig mit einem leicht harzigen Beigeschmack versehen, finden bei uns überwiegend die rötlichen Sorten ihre Liebhaber. Ganz im Gegensatz zu Indien, dessen Bewohner diesen ungewohnten, doch interessanten Geschmack lieben. »Badewannenfrucht« wird die Mango auch oft genannt, da man das so überaus saftige Fruchtfleisch am besten in der Badewanne liegend essen sollte, da Mangosaftflecken nur schwer zu entfernen sind.

3. Meist kommen Mangos noch verhältnismäßig unreif auf den Markt. Wenn die Früchte überall auf leichten Druck nachgeben, sind sie eßreif. Auch erkennen Sie reife Mangos an ihrem Duft, sie entwickeln dann ein kräftiges Aroma. Kleine dunkle Flecken sind übrigens kein Qualitätsmangel, sie signalisieren aber sofortigen Verzehr.

Unreife Früchte lassen sich bei Zimmertemperatur etwa sieben Tage lagern, im Kühlschrank können Sie reife Früchte nur einige Stunden aufbewahren, da sie als wärmeliebende Frucht kühle Temperaturen nur schlecht vertragen.

4. Die Schale ist ungenießbar, und der Kern ist nur schwer zu lösen. Trotzdem kommen Sie ohne größere Schwierigkeiten an das saftige Fruchtfleisch. Die Mango hochkant stellen und das Fleisch auf zwei Seiten nahe am Kern abschneiden. Mit einem Messer wird das Fleisch in den beiden entstandenen Fruchthälften so eingeschnitten, daß Würfel entstehen, die aber noch mit der Schale verbunden sind. Nun die Schalen umstülpen (die Frucht ist in diesem Zustand besonders dekorativ) und das Fleisch direkt an der Schale abschneiden.

Sie können aber auch zuerst die Frucht behutsam schälen – Vorsicht, Flecken! – und dann in Scheiben vom Kern abtrennen.

Die dritte Möglichkeit besteht darin, die Mango mit dem Messer so einzuschneiden, daß sich durch Drehen zwei Hälften ergeben. Der Kern läßt sich dann zwar relativ leicht herausschneiden, doch diese Methode ist sehr spritzfreudig und daher möglichst im Freien oder, wie oben erwähnt, am besten in der Badewanne anzuwenden.

Mangos sind bereits pur ein Genuß, in der Kombination mit frischen Erdbeeren, vielleicht mit einem Sahnetupfer gekrönt, aber nahezu unschlagbar. Die Früchte eignen sich auch zu Chutneys oder Marmeladen, gekocht passen sie auch zu Geflügel und Wildgeflügel oder gut gewürzten Fischgerichten.

Zum Schluß noch ein kleiner Hinweis: Manche Menschen vertragen Mangos nicht in Verbindung mit Milch oder Alkohol, es können dann Magenprobleme auftreten. Darum empfehlen wir, auf beide Flüssigkeiten bis zu zwei Stunden nach dem Mangogenuß zu verzichten. Allerdings werden in vielen Bars auf der Welt Mangopüree oder -saft mit alkoholischen Getränken gemixt, ohne daß die Barbesucher Schaden erleiden. Auch wir hatten noch keine Probleme damit, aber wir wollten Sie darauf hinweisen. Besonders Magenempfindliche sollten dies beachten.

5. Mangos besitzen wertvolle Inhaltsstoffe. Von den Mineralstoffen seien vor allem Calcium und Eisen erwähnt, bei den Vitaminen die B-Gruppe, C, E und sehr viel Vitamin A. Sie gelten als höchste Vitamin-A-Träger der bekannten Früchte.

Mangostane

1. Die Mangostane kommt nicht wie die Mango – und mit dieser auch nicht verwechsel- oder vergleichbar – aus Indien, sondern aus dem zerklüfteten Malaysia.

Zwischenzeitlich werden die beinahe ganzjährig zu erhaltenden Früchte auch in anderen Teilen Asiens und in Mittel- und Südamerika angebaut. Unsere Ware erhalten wir ebenfalls aus diesen Ländern.

2. Eine Mangostane ist die Frucht eines immergrünen, etwa 15 m hohen Baumes. Sie wird 4–5 cm groß, ist kugelförmig mit abgeflachten Enden, und ihr Äußeres gleicht mehr einer Kastanie oder einer Nußschale. Die Schale selbst wird etwa 8 mm dick, ist fest und lederartig mit rotbrauner, violetter oder blauer Farbe, mitunter von roten Flecken überzogen.

Vier kräftige Kelchblätter zieren den Stielansatz und machen sie deshalb unverwechselbar.

Das weiße, weiche Fruchtfleisch mit eßbaren gelbgrünen Kernen teilt sich, ähnlich der Mandarine, in Segmente auf. Allerdings sind es, im Gegensatz zur Mandarine, oft nur 5 Segmente.

Das Fruchtfleisch zählt zu den köstlichsten Genüssen. Gut ausgewogener, süßer Geschmack mit einem leichten Säureton, vergleichbar mit einer Kombination von Ananas, Orangen, Pfirsichen und grünen Weintrauben.

3. Klopfen Sie vor dem Kauf gegen die Schale. Klingt sie hohl, können Sie Ihr Geld auch gleich verschenken und würden sich danach nicht so sehr ärgern.

Auf Märkten sollten Sie diese Früchte bei heißem Wetter nur in den frühen Vormittagsstunden kaufen, da reife Mangostanen bei ungenügender Kühlung schnell verderben. Daher ist es ratsam, diese Früchte in den Sommermonaten nur in Geschäften mit hohem Warenumschlag zu kaufen.

Wenn Sie beim Öffnen der Frucht statt dem schneeweißen Inneren nur bräunliches Fruchtfleisch vorfinden, werfen Sie die Ware sofort auf den Kompost oder tragen sie zu Ihrem Händler zurück.

Wenigstens werden Sie keine unreifen Mangostane vorfinden. Diese Frucht reift nämlich nicht nach und wird in den Erzeugerländern deshalb nur ausgereift geerntet. Zu lange gelagerte Ware können Sie an der Schale erkennen. Sie muß zwar hart sein, aber nicht so hart wie Holz. Wie bereits erwähnt, sollten Sie die Klopfprobe anwenden, die Früchte sind zu teuer, als daß man sie nicht vorher prüfen sollte.

4. Halbieren Sie die Früchte mit einem scharfen Messer. Am besten schneiden Sie von den Kelchblättern aus. Vorsicht aber beim Aufschneiden der Schale, dabei tritt üblicherweise ein Saft aus, der hartnäckige Flecken auf der Kleidung hinterläßt. Ist die Frucht offen, nehmen Sie das weiße Fruchtfleisch heraus. Am besten schmeckt es gleich roh verzehrt.

Natürlich eignen sich die Früchte auch für Desserts oder als Dekoration für Getränke, dunkle Saucen und ähnliches.

Doch sind wir der Meinung, daß der Geschmack am deutlichsten pur zur Geltung kommt.

5. Meistens ist ein so sündhaft guter Genuß vom Standpunkt der Ernährung aus nicht unverdächtig. Nicht so bei der Mangostane. Sie enthält Calcium, Eisen, Phosphor und Vitamin C. Damit ist sie zwar nicht eben die gesündeste Frucht, doch braucht man auch kein schlechtes Gewissen zu haben.

Melone

1. Melonen stammen aller Wahrscheinlichkeit nach aus Afrika. Für Zuckermelonen wird von einigen Wissenschaftlern auch Zentralasien als ursprüngliche Heimat in Betracht gezogen.

Über die Jahrhunderte hinweg wurden sie jedenfalls in alle Welt verbreitet und werden heute in nahezu allen wärmeren Ländern angebaut.

Italien, Spanien, die Türkei und Israel sind die wichtigsten Importeure unseres Marktes. Die Melonen werden überwiegend ganzjährig angeboten.

2. Man unterscheidet die Melone zunächst nach zwei Gattungen, den Wassermelonen und den Zuckermelonen, wobei letztere enger mit dem Kürbis verwandt sind.

Wassermelonen unterscheiden sich von den anderen hauptsächlich durch ihre intensive grüne, manchmal gelb gefleckte Schale, ihre rote Fleischfärbung und der Einlagerung der braunen Samenkerne im Fruchtfleisch. Zuckermelonen dagegen haben je nach Sorte helles, fast weißes bis kräftig orange gefärbtes Fleisch. Die größeren, meist sehr hellen Kerne liegen hier im Zentrum der Früchte

Mangostane

und sind deshalb leichter zu entfernen.

Das Fleisch der Wassermelone ist nicht besonders aromatisch, es enthält bis zu 95 % Wasser und gilt deshalb als Durstlöscher im Sommer. Zuckermelonen lassen sich in mehrere Gruppen einteilen:

Honig- oder glatte Melone

Sie sind meist oval, die glatte Schale kann je nach Sorte gelb- bis dunkelgrün sein und ist manchmal auch ein wenig gefurcht. Der Duft einer reifen Frucht erinnert an Ananas. Die Farbe des Fruchtfleisches variiert von rötlich bis hellgrün, bei der Honigmelone ist es cremeweiß.

Melonen dieser Gruppe haben meist ein angenehmes Aroma und einen sehr süßen Geschmack.

Netzmelone

Sie sind von den anderen Sorten leicht zu unterscheiden, da ihre Schale mit einem mehr oder weniger stark ausgeprägten Netz überzogen ist, das sich leicht schorfig anfühlt. Die Form ist rund bis oval, die Früchte sind bisweilen im Verlauf vom Stiel zur Blüte gerippt. Das Fruchtfleisch ist grünlich, aprikosenfarben oder orange und besitzt ein ausgeprägtes Aroma. Die Galiamelone ist eine sehr verbreitete Art dieser Gruppe.

Kantalupmelone

Diese Melonen wurden zuerst in dem italienischen Ort Cantalupa angebaut und haben so ihren ungewöhnlichen Namen erhalten. Diese Gruppe beinhaltet die wohl aromatischsten

Wassermelone

Melonen mit einem ausgeprägt intensiven Geschmack.

Außerdem verströmen diese Früchte einen sehr starken, angenehmen Duft. Kantalupmelonen gehören zu den kleinsten Zuckermelonen. Sie sind meist rund und am Stiel- und Blütenansatz oft abgeflacht. Die Schale ist mehr oder weniger gerippt.

Die Farbe ist meist champagnerfarben mit grünen Längsstreifen. Das Fruchtfleisch ist aprikosenfarben oder kräftig orange.

Die feinste dieser Art ist die Charentaismelone, die auch in Frankreich angebaut wird. Leider ist sie bei uns nur selten auf dem Markt.

Neben den aufgeführten Gruppen werden auch viele Melonenkreuzungen angeboten. Israel züchtet zum Beispiel die Ogenmelone, eine Kreuzung aus Netz- und Kantalupmelone. Sie ist relativ klein, rund bis oval, grüngelb, manchmal auch gestreift. Ihr helles Fleisch ist sehr süß und aromatisch.

41

Galiamelone

Honigmelone

3. Das Problem beim Einkauf von Melonen besteht schlichtweg darin, daß man einer Melone ihren Geschmack nicht ansehen kann. Wassermelonen werden oft auch in Stücken angeboten. Gute Wassermelonen haben intensiv rotes, festes und glänzendes Fleisch. Wenn das Fruchtfleisch aufgequollen und körnig aussieht, schmeckt es meist fade und mehlig. Zuckermelonen verströmen ausgereift einen starken Duft und geben bei Druck auf den Blütenansatz etwas nach. Melonen mit diesen Anzeichen sollten rasch verzehrt werden. Bereits nach einer zweitägigen Lagerung kann das Fleisch überreif und vergoren schmecken, wobei man das der Schale niemals ansehen wird.
Trotz aller Tests oder Beteuerungen der Verkäufer, Melonenkauf bleibt Glückssache.

4. Haben Sie beim Melonenkauf eine glückliche Auswahl getroffen, so bieten sich Ihnen verschiedene Verwendungsmöglichkeiten.
Wassermelonen schneidet man, sofern nicht bereits am Markt geschehen, einfach auf und ißt die Stücke so. Man kann sie auch in Rechtecke schneiden. Gewürfelt und eventuell entkernt passen sie auch gut zu Fruchtsalaten. Besonders effektvoll ist eine Melonenbowle. Dazu schneiden Sie den Deckel ab und begradigen den unteren Teil, so daß die Melone stehen bleibt. Dann höhlen Sie die Frucht aus, füllen Wein, Sekt, weißen Rum und nach Belieben Mineralwasser dazu, zerteilen und entkernen das Fruchtfleisch und geben es – soweit

möglich – in die Melone zurück. Dazu ein Strohhalm, und fertig ist eine gelungene Überraschung für Partygäste oder für einen Abend zu zweit.

Zuckermelonen eignen sich für süße und pikante Gerichte. Das bekannteste Melonengericht ist wohl Parmaschinken mit einer Scheibe gekühlter Honigmelone.

Auch in Geflügelsalaten kommt das Aroma gut zur Geltung. Sie können auch mit Zuckermelonen Salate oder Bowlen machen. Egal für welchen Verwendungszweck, gut gekühlt schmecken Melonen am besten.

Während die Kerne der Wassermelonen nur mühsam zu entfernen sind, brauchen Sie bei den Zuckermelonen nur den inneren Teil herauszuschaben – mitsamt der die Kerne umgebenden leicht schleimigen Masse.

Besonders dekorativ ist es, wenn Sie das Melonenfleisch mit einem Kugelausstecher der Frucht entnehmen.

5. Melonen enthalten sehr viel Vitamin A, dazu noch B und C. Honigmelonen haben einen hohen Anteil an Kalium. Alle Sorten weisen auch einen nennenswerten Gehalt an Calcium und Phosphor auf.

Nashi

1. Die wilden Vorfahren dieser auch Apfelbirne genannten Frucht fand man in Japan, Korea und im chinesischen Raum. Vor allem die Japaner verzeichneten seit etwa 1900 gute Zuchterfolge. Heute werden Nashis

Nashi

außer in den drei oben erwähnten Ländern auch in Australien, den USA, Neuseeland und anderen Ländern angebaut.

Unsere Hauptangebotszeit reicht von September bis März, wenn die japanische und neuseeländische Ernte einsetzt.

2. Die etwa 200 g schweren apfelähnlichen Früchte können gelbgrün bis gelbrötlich auf unseren Markt kommen. Unter der glatten Schale verbirgt sich ein weißes, festes und sehr saftiges Fruchtfleisch mit apfelähnlichem Kerngehäuse.

Der Geschmack ist sortenabhängig, erinnert aber immer an eine Kreuzung aus süßlichen Äpfeln und Birnen. Birnenähnliche Körnungen des Fruchtfleisches weisen nur noch ältere Sorten auf. Seit kurzem gibt es auch eine chinesische Variante, die Shandong-Nashi, im Geschmack sehr ähnlich, aber birnenförmig und mit einem Stiel versehen.

3. Die in Wachspapier oder Schaumstoffkragen eingehüllten Früchte kommen ausgereift bei uns an. Beschädigte Früchte – was selten vorkommt – weisen bräunliche große Flecken auf und sollten nicht mehr gekauft werden. Lagern können Sie eine Nashi und auch ihre chinesische Verwandte bis zu zwei Wochen im Kühlschrank.

4. Die Früchte gut waschen. Da ihr Fleisch nicht weich wird, können Sie Nashis gut zerteilen und roh essen. Auch in Obstsalaten kommen sie gut zur Geltung, besser sind sie allerdings in Rohkostsalaten, mit Staudensellerie, Nüssen und Radicchio gemischt. Sie sind ebenso für Obstkuchen verwendbar, anstelle von Äpfeln oder Birnen. Außerdem können Nashis wie diese beiden Früchte auch gekocht werden und passen dann zu beinahe allen Gerichten, in denen man Äpfel und Birnen auch einsetzt.

Wenn Sie Nashis schälen möchten, können Sie wie bei Äpfeln ein kleines, scharfes Messer oder einen Sparschäler benutzen.

5. Die Inhaltsstoffe der Nashis sind noch weitgehend unbekannt. Doch man kann davon ausgehen, daß ihr Mineralstoff- und Vitamingehalt nicht unbeträchtlich ist. Man baut sie in den Erzeugerländern nicht nur wegen ihres guten Geschmacks an.

Nektarine

1. Sind Nektarinen Abkömmlinge einer Kreuzung zwischen Pfirsichen und Pflaumen oder eher eine gelungene Mixtur beider Früchte mit Mandeln? Darüber ist man sich noch nicht einig und wird es vermutlich auch nicht mehr.

Tatsache aber bleibt, daß die Nektarinen, trotz ungewisser Herkunft, einen ungebremsten Höhenflug in der Beliebtheitsskala angetreten haben.

Hauptanbauländer sind das Mittelmeergebiet, Südafrika, Chile und die USA. Die Hauptsaison ist zwischen Juni und September.

2. Nektarinen weisen eine glatte Schale auf mit gelber Grundfarbe und meist rötlichen Backen. Auch gänzlich rote Sorten werden angeboten. Das überwiegend gelbe Fruchtfleisch ist fester als beim Pfirsich, dabei aber ebenso saftig.

Der Kern läßt sich normalerweise problemlos entfernen. Im Geschmack ähneln die Nektarinen den Pfirsichen, süß-aromatisch.

Selten sind Sorten mit leicht säuerlichem Fruchtfleisch, das stets an eine Kreuzung aus Pfirsichen mit Pflaumen erinnert.

3. Auch Nektarinen sind druckempfindliche Früchte. Aus diesem Grund sollten Sie dieses Obst mit Druckstellen oder gar bräunlichen Verfärbungen nicht kaufen.

Zum Lagern sind Nektarinen begrenzt geeignet. Kühl können sie etwa sechs Tage, bei Zimmertemperatur, je nach Reife, bis zu vier Tagen aufbewahrt werden.

4. Die Früchte vor dem Gebrauch waschen. Bevorzugt werden sie einfach so verspeist, sind aber auch zu Fruchtsalaten bestens geeignet. Durch ihr festeres Fleisch sehen sie in Salaten besser aus als Pfirsiche.

Die Haut läßt sich von Nektarinen relativ leicht abziehen. Notfalls mit kochendem Wasser kurz überbrühen, eiskalt abschrecken und dann enthäuten.

Nektarinen

Diese Frucht läßt sich auch gut in Butter gedünstet oder in Sahnesaucen erwärmt als Beilage zu weißem Fleisch reichen.

5. Die Nektarinen enthalten vor allem Eisen, Kalium, Magnesium und Phosphor, dazu die Vitamine der B-Gruppe und C.

Orange

1. Vor etwa 3500 Jahren wurden Orangen in chinesischen Schriften erwähnt. Seitdem hat sich die auch als Apfelsine bekannte Frucht langsam aber stetig in der Bekanntheitsskala gesteigert. In den hängenden Gärten von Babylon sollen Orangenbäume geblüht haben – und doch verzögerte sich die Ausdehnung.
Erst um 800 n. Chr. gelangten Orangen, als Geschenk eines Kalifen an Kaiser Karl den Großen, nach Europa. Leider sind diese Früchte aber für unser Klima nicht geschaffen, und so importieren wir Orangen vor allem aus Spanien, Israel und Südafrika. Weitere Länder decken die ganzjährigen Einfuhren ab.
Die Hauptanbauländer sind heute neben den Mittelmeerstaaten die USA, Südafrika und Australien.

2. Über 400 Sorten mit zum Teil sehr verschiedenen Merkmalen werden weltweit angebaut. Eine genauere Auflistung der Unterschiede würde den Umfang dieses Buches sprengen.

Orangensorte Navelate

So beschränken wir uns auf die wichtigsten und interessantesten Unterschiede.

Navelorange
Dieser Typ ist am leichtesten zu erkennen. Am Blütenansatz schließt sich die obere Schale nicht ganz, so daß man darunter eine angezüchtete, sogenannte Babyschale erkennen kann. Dieser Teil sieht einem Nabel sehr ähnlich und daher hat diese Art auch ihren Namen (aus dem Englischen) erhalten. Diese Orangen haben ein zartes, sehr saftiges und aromatisches Fruchtfleisch und sind zudem leicht schälbar. ›Navelina‹ und ›Washington Navel‹ sind wohl die besten, gefolgt von der Sorte ›Thompson-Navel‹.

Noch eines ist allen Navelorangen gemeinsam: sie haben keine Kerne.
Weitere Sorten: ›Valencia Late‹ sind besonders aromatisch und saftig, dabei ab und zu mit einigen Kernen behaftet. Daneben gibt es auch sogenannte grüne Orangen mit grünen Punkten auf der Schale, aber gelbem aromatischem Fruchtfleisch.
›Outspan‹ und ›Jaffa‹ sind übrigens geschützte Begriffe und bezeichnen Orangen aus Südafrika und Israel. Dabei handelt es sich um verschiedene Sorten, die einfach unter ihrem Landesbegriff angeboten werden.

Blutorange
Diese Orangen mit meist rötlicher Schale und rötlichem oder rotem

Fruchtfleisch entstanden zufällig, werden aber seit längerer Zeit planmäßig kultiviert. Im Geschmack sind sie kräftiger und herber. Bei den sogenannten Halbblutorangen mit weniger Färbung, sowohl innen als auch außen, ist der Geschmack ausgewogener, weshalb man sie verstärkt anbaut. Man zählt sie zu den feinsten Orangen, die auf unsere Märkte gelangen.

3. Geerntete Orangen reifen nicht mehr nach, weshalb man in den Anbauländern strikt darauf achtet, keine unreifen Früchte zu exportieren.

Es mag zunächst überraschen, aber die Orangen haben seit Jahren nicht nur in Deutschland einen schweren Stand. Die Einfuhren verringern sich zugunsten anderer Früchte, etwa den Mandarinen. Natürlich ist auch das stetig wachsende Angebot neuer Exoten nicht unschuldig daran.

Nicht zuletzt hat aber auch die Vielfalt der Orangensorten dazu beigetragen. Fast alle Verbraucher hielten Orangen für eine identische Familie und waren enttäuscht, wenn die eine Sorte weniger Saft oder Fleisch hatte als die andere. In manchen waren Kerne, einige hatten zu dicke Schalen oder schmeckten langweilig, da sie ein geringeres Aroma aufwiesen.

Beim Einkauf brauchen Sie nicht auf grüne Flecken oder makellose Farben zu achten. Die Schalenfärbung ist wetterabhängig. Nächtliche Kühle zaubert ein herrliches Orange auf die Früchte, heißes Tages- und Nachtklima zur Erntezeit verursacht entweder ein blasseres Orange oder grüne Flecken.

Wichtig hingegen ist beim Orangenkauf, daß die Früchte unbeschädigt sind, was beim Kauf in Netzen nicht unbedingt gewährleistet ist. Auch Orangen sind eben beim Transport und bei der Lagerung trotz ihrer mehr oder weniger dicken Schalen sorgfältig zu behandeln. Was leider noch nicht jeder weiß.

Bei Orangen ist die Begriffsbezeichnung »unbehandelt« ziemlich problematisch. Wenn Sie die Schale verwenden möchten, so fragen Sie beim Händler genau nach. Auf jeden Fall – auch wenn Sie nur an das Fruchtfleisch herankommen wollen – sollten Sie die Schale vor Gebrauch sorgfältig mit heißem Wasser abwaschen.

4. Die Schale mit einem Messer einritzen. Je nach Größe empfehlen sich vier bis acht Schnitte von oben nach unten. Die weiße Haut möglichst weitgehend entfernen, sie beeinträchtigt den feinen Orangengeschmack.

Die Schale können Sie in Kringel- oder Spiralenform als Dekoration für Drinks verwenden. Dafür die Schale etwas knicken, damit die ätherischen Öle der Schale den Drink bereichern. Abgeriebene Schalen eignen sich für Desserts, Gebäck, Marmeladen und Saucen.

Das Fruchtfleisch findet neben dem Aus-der-Hand-Essen auch Gebrauch in Fruchtsalaten, Torten, Saucen und pikanten Salaten, beispielsweise zu Chicoree oder Hähnchen.

Der Saft schließlich, bei uns frisch gepreßt bedauerlicherweise ein Mauerblümchendasein führend, eignet sich nicht nur vorzüglich zu allerlei Ge-

tränken oder als Begleiter zu Desserts. Auch als Saucenbestandteil für Fisch, Fleisch und Geflügel sowie Wildgeflügel (Ente à l'Orange) ist er aus der feinen Küche nicht wegzudenken.

5. Auch wenn der Orangenverzehr nachgelassen hat, die Frucht ist außerordentlich inhaltsreich und aus unserer Ernährung vor allem im Winter kaum wegzudenken. Fruchtzucker und Traubenzucker als auch wichtige Fermente ergänzen die 13 Mineralstoffe, die vom Calcium über Fluor bis zum Phosphor nahezu alle in Orangen enthalten sind.

Nicht zu vergessen natürlich die Vitamine. Orangen enthalten 14 davon, allen voran das Vitamin C.

Pampelmuse

1. Das Ursprungsgebiet der Pampelmuse war Südostasien. Heute wird sie dazu in den USA, Südafrika und Israel angebaut. Sie ist ganzjährig erhältlich.

2. Die Pampelmuse kann ein Gewicht von 6 kg (!) erreichen, und mit einem Durchmesser von bis zu 25 cm ist sie damit auch die größte Frucht der Zitrusgruppe.

Sie ist rund bis birnenförmig, mit einer gelben, manchmal rosa Schale. Das kernige Fruchtfleisch ist grünlich-gelb, je nach Sorte auch rötlich und weist einen leicht bitteren, süß-sauren Geschmack auf.

3. Wer sich an die riesigen Früchte heranwagt, die nur deshalb beschrieben wurden, da sie häufig vom Namen her mit Grapefruits verwechselt werden, der sollte Früchte mit größeren bräunlichen Flecken meiden.

Bei Zimmertemperatur können Sie diese Frucht bis zu zwei Wochen aufbewahren. Angeschnittene Früchte decken Sie mit Folie ab und legen sie in den Kühlschrank. Dort sind sie noch ein paar Tage lagerfähig.

4. Die Schale und die weiße Haut entfernen. Roh verzehrt, in Obstsalaten, als erfrischender Kuchenbelag mit anderen, milderen Früchten oder zu Rohkostsalaten erfreuen sich die Pampelmusen einer kleinen Fan-Gemeinde.

Man kann sie aber auch wie Grapefruits zu Marmeladen verarbeiten oder in deftigen Fisch- und Fleischeintöpfen verwenden.

5. Neben den zahlreichen Mineralstoffen und Spurenelementen bei den Pampelmusen ist vor allem ihr gewichtiger Anteil an den Vitaminen A und C erwähnenswert.

Papaya

1. Im Gegensatz zur Mango stammt die Papaya aus Mittelamerika. Heute wird sie vorwiegend in Amerika, Afrika und Indien angebaut.

Dank der weltweiten Belieferung ist sie ganzjährig auf dem Markt.

2. Auch wenn Papayas bis zu 8 kg schwer werden können, in unseren Geschäften wird sie normalerweise mit 400–500 g Gewicht angeboten. Papayas können ein birnenförmiges, länglich-eiförmiges oder rundes Äußeres haben. Die Schale sollte gelbgrün bis gelbfarben sein. Die etwa 15 cm langen Früchte haben, je nach Sorte, ein gelbes, goldgelbes oder lachsfarbenes butterweiches Fruchtfleisch. Der Geschmack ist betont süß und mit einer Kombination zwischen Aprikosen, Himbeeren und Melonen am ehesten vergleichbar. Sie enthält zudem kaum Fruchtsäure.

Der innere, meist längliche Hohlraum ist gefüllt mit schwarzen, gut pfefferkorngroßen Kernen, die man üblicherweise nicht mitißt. Sie werden in ihren Heimatländern gelegentlich mitverzehrt, doch ist ihr Geschmack sehr scharf, wie konzentrierte Kresse.

3. Papayas werden halbreif geerntet, gerade wenn ihre Schale gelbgrün geworden ist. Sie müssen deshalb vorsichtig transportiert und schnell verkauft werden. Grüne Papayas wurden zu früh gepflückt und können nicht mehr nachreifen. Also grüne Früchte niemals kaufen!

Pampelmusen

Kleinere, bräunlich verfärbte Flecken können durch Transporte oder Lagerhaltung auftreten, stellen im Gegensatz zu größeren Verfärbungen jedoch keinen Qualitätsmangel dar.
Eine gut gereifte Papaya ist überwiegend gelb und gibt auf leichten Fingerdruck nach. Diese Frucht sollten Sie möglichst rasch verbrauchen.
Halbreife Papayas können Sie im Kühlschrank aufbewahren.

4. Am unkompliziertesten ißt man Papayas wie folgt: Der Länge nach halbieren, Kerne ausschaben, nach Wunsch mit Zitronen- oder Limettensaft beträufeln, um die fehlende Fruchtsäure geschmacklich auszugleichen, und auslöffeln.
Natürlich können Sie Papayas auch zu Obstsalaten reichen, ebenso zu Geflügel- und Krabbensalaten.

Geschälte Fruchtscheiben eignen sich gut mit feinem rohen Schinken als delikate Vorspeise. Es muß eben nicht immer eine Melone zum Schinken sein. Wer den scharfen Geschmack der Kerne liebt, der kann diese zu einer Salatplatte reichen. Aber nicht mit dem Salat mischen, denn ihr scharfer Geschmack findet in Europa nicht allzu viele Anhänger.

5. Daß auch so fruchtig-süße Exoten einen erheblichen Anteil an Mineralstoffen und Vitaminen aufweisen, kann uns nur recht sein. Etwas zum Naschen, das auch noch gesund ist, diese Kombination fehlt der Süßwarenindustrie. Die Natur hat es längst vollbracht.
Calcium, Magnesium und Kalium sind neben den Vitaminen A, B und C die herausragendsten Inhaltsstoffe.

Passionsfrucht

1. Im mittel- und südamerikanischen Urwald fand man die ersten der über 400 bekannten Arten der Passionspflanzen.
Die Pflanzen selbst werden den Lianen zugerechnet und hätten ihr Dasein weiterhin ruhig verbringen können, wenn nicht die ersten Entdecker der Alten Welt in den Blüten christliche Symbole zu sehen glaubten.
Was den Pflanzen aber endgültig den Durchbruch brachte, war die Erkenntnis, daß bei aller Unscheinbarkeit der Früchte das Innere von außergewöhnlichem Geschmack ist.
Darum kultiviert man seit einiger Zeit in Australien und Neuseeland, in afrikanischen Staaten wie auf Hawaii und den USA diese Passionspflanzen, um sich an dem aromatischen Genuß der Früchte zu erfreuen.
Vor allem aus Südamerika und Kenia werden unsere Märkte ganzjährig beliefert.

2. Rund bis oval, eine glatte bis verschrumpelte Schale in den Farben Gelb, Rot, Violett bis Dunkelbraun, die Passionsfrüchte sind äußerst vielfältig.
Wir unterscheiden vor allem drei Marktangebote:
1. Die gelblich-grüne **Maracuja** in ovaler Form, die bis zu 12 cm groß wird und einen Durchmesser von maximal 7 cm erreicht. Die reife Frucht weist eine eingedrückte Schale auf. Sie gilt als der säuerlichste Vertreter.

Papaya

2. Die orangefarbene **Granadilla** ist rundlich und oft mit einem Stiel versehen. Ihr Durchmesser schwankt erheblich. Ihr Äußeres bleibt glatt; Reife erkennen Sie an der nachlassenden Festigkeit der Schale. Sie ist besonders süß, aber nicht so aromatisch. Vereinzelt kann man auch Riesengranadillas mit über 20 cm Länge sehen, doch ist ihr Kauf nur bedingt empfehlenswert, da der gezüchtete Größenwahn geschmacklich weit hinter den anderen Früchten hinterherhinkt.

3. Die purpurrote bis dunkelbraune **Passionsfrucht** erreicht mit ihrer rundlichen Form einen Durchmesser von 4–9 cm. Im reifen Zustand sieht die Frucht verschrumpelt aus.

Geschmacklich genießt die zuletzt genannte Frucht das höchste Ansehen. Aber alle Sorten schmecken wie ein Konzentrat aus Erdbeeren, Himbeeren, Pfirsichen und Nektarinen. Der Geschmacksträger ist jeweils eine weiße bis gelbliche, gallertartige Flüssigkeit, mit einer Vielzahl von eßbaren Kernen versehen.

Von links: Granadilla, Passionsfrucht, Maracuja

3. Wenn Sie, neugierig auf den Geschmack, Passionsfrüchte sofort essen möchten, kaufen Sie Früchte, deren Haut eingeschrumpelt ist. Auch wenn deren Äußeres nicht eben schön genannt werden kann, entschädigt das dann ausgereifte Innere voll für mangelhaftes Aussehen.

Bei Granadillas müssen Sie eine Fingerdruckprobe durchführen. Lagern können Sie noch nicht ausgereifte Früchte im Kühlschrank bis zu 14 Tagen. Dabei auf trockene Umgebung achten, Feuchtigkeit kann den Passionsfrüchten schaden. Notfalls lassen sich diese Exoten einige Tage bei Zimmertemperatur lagern. Reife Früchte sollten Sie aber innerhalb von zwei Tagen verbrauchen.

4. Da diese Früchte nicht gerade billig sind, ist es um so bedauerlicher, daß ihr verwendbarer Anteil sehr gering ist. Daher halbieren Sie die Passionsfrüchte und löffeln die gallertartige Masse mit den Kernen aus.

Nach Geschmack können Sie Schlagsahne oder einen Spritzer Zitronensaft dazugeben.

Die Früchte eignen sich auch zu Eis, Joghurt- und Quarkspeisen. Natürlich lassen sich die Kerne auch entfernen. Wer sie nicht mag oder aus anderen Gründen nur die Flüssigkeit verwenden möchte, der sollte das Fruchtfleisch durch ein Sieb streichen. Der Saft eignet sich sowohl zum Mixen in tropischen Drinks sowie als Fruchtsauce zu Desserts.

5. Auch diese tropischen Exoten sind nicht nur äußerst verführerisch im Geschmack, sie sind auch gesund. Calcium, Eisen, Kalium, Magnesium und Phosphor sind neben den Vitaminen A, B und C die Hauptinhaltsstoffe der Früchte.

Pfirsich

1. Wie die Aprikose, stammt auch der Pfirsich aus China. Inzwischen wächst er vor allem in den Mittelmeerländern, Australien, manchen Gegenden Amerikas und in Südafrika. Auch wenn der Pfirsich heute das ganze Jahr erhältlich wäre, den größten Verkaufserfolg hat er zwischen Juni und September, wenn die Haupteinfuhrländer Italien und Griechenland ihre Ernte reichlich fließen lassen. Ergänzt wird dann das umfangreiche Angebot durch eine bescheidene Inlandsernte.

2. Die leicht seidig behaarte Schale kann, je nach Sorte, grünlich-gelb, intensiv-gelb oder rot sein. Das saftig-süße aromatische Fruchtfleisch ist weiß, gelb und, allerdings selten, rötlich verfärbt. Die bis zu 4 cm langen Kerne lassen sich oft nur schwer entfernen, doch bei neueren Züchtungen versucht man, dieses Manko zu beheben. Auf unseren Märkten finden Sie meist gelbfleischige Sorten, die weißfleischigen, vor allem aus Griechenland und Frankreich, werden aber immer beliebter.

Neu auf unsere Märkte kommt eine spanische Variante, die außen einer Kreuzung von Pfirsichen mit Feigen ähnelt und sehr aromatisch ist, jedoch durch den relativ geringen Fruchtfleischanteil bei einem großen Kern nicht eben billig ist.

3. Pfirsiche sind äußerst stoß- und druckempfindlich. Früchte mit einer Delle oder einer bräunlichen Verfärbung lassen Sie am besten liegen oder schneiden sie möglichst rasch aus.
Da Pfirsiche nicht optimal nachreifen, für den Transport jedoch meistens unreif geerntet werden, sind Früchte mit kurzen Transportwegen vorzuziehen. Aber da die einheimische Ernte oft nur unbedeutend ist, erscheint es zweckmäßig, vor einem größeren Kauf zuerst eine Frucht zu probieren. Im Kühlschrank können Sie Pfirsiche, je nach Reifegrad, wenige Tage aufbewahren. Am besten ist es jedoch, diese Früchte bei Zimmertemperatur zu lagern und möglichst rasch zu essen.

4. Pfirsiche werden meistens roh verzehrt. Gründlich waschen, halbieren und entkernen. Dabei werden Sie ab und an erleben, daß die Kerne aufplatzen. Deshalb den Stein sorgfältig herauslösen. Alle Pfirsiche eignen sich nicht nur zum Einfach-so-essen, auch in Obstsalaten sind sie, zu Recht, feine Geschmacksträger. Wenn Sie, für Marmeladen oder warme Gerichte, die Haut lösen möchten, legen Sie die Früchte kurz in kochendes Wasser und schrecken diese danach eiskalt ab. So läßt sich die Haut am einfachsten lösen.
Pfirsiche eignen sich in der warmen Küche zu Sahnesaucen oder als Bei-

Pfirsiche

lage in Butter gedünstet, zu Kalbsfilets oder Geflügelgerichten, am besten mit Reis oder Kroketten.

5. Glücklicherweise sind Pfirsiche sehr gesund. Neben Calcium, Eisen, Kalium und Phosphor sind auch die Vitamine A, C und der B-Gruppe besonders herauszustellen. Auch als gesunde Durstlöscher sind sie Säften vorzuziehen.

Pflaume

1. Wo der Stammbaum der mittlerweile über 2000 Sorten stand, weiß man nicht. China, Japan, der Mittlere Orient und Amerika können sich nicht darüber einig werden – wir auch nicht. Aber die unbekannte Herkunft dieser Obstsorte hat noch niemanden beunruhigt. Ganz im Gegenteil, Pflaumen werden heute in aller Welt angebaut und gegessen.
Die heimische Ernte kommt vor allem zwischen Juli und Oktober auf den Markt, ab Februar bis in den Spätsommer hinein beliefern uns zahlreiche Staaten.

2. Von den vielen Sorten sollten uns vor allem die vier Hauptgruppen interessieren, das sind:

1. Pflaume
Die rundlichen bis ovalen Früchte mit Furche können eine rötliche bis blaue Schale haben. Darunter verbirgt sich ein weiches Fruchtfleisch, dessen Farbe grünlich- bis goldgelb sein kann.

Pflaumen

Das sehr saftige, süße und würzige Fleisch ist nicht immer leicht vom bauchigen Kern zu lösen.

2. Zwetschge
Die stets blauen, länglichen Früchte mit den spitzen Enden sind üblicherweise kleiner als Pflaumen. Das Innere ist weißlich-grüngelb, fest, saftig und süß, dabei sehr aromatisch. Die Zwetschge hat den höchsten Fruchtzuckergehalt unter den Pflaumensorten. Der flache, beidseitig zugespitzte Kern läßt sich leicht vom Fruchtfleisch lösen. Die Haut zerfällt beim Kochen, im Gegensatz zum Fruchtfleisch. Die saftigsten auf unseren Märkten sind die berühmten Bühler Frühzwetschgen aus dem Südwesten Deutschlands, die zudem auch einen Exportschlager darstellen.

3. Mirabelle
Die kugelrunden, wachsgelben Früchte mit gelegentlich roten Schattierungen weisen ein grüngelbes bis orangegelbes festes Fruchtfleisch auf, das ebenfalls sehr süß ist. Die Kerne lassen sich zudem leicht lösen.

4. Reneklode (Reineclaude)
Die größeren runden Früchte mit Bauchnaht haben die vielfältigsten Farben. Grünliche, grüngelbe oder rote wechseln sich mit violetten Sorten ab. Das Innere ist grünfarben bis gelb, dabei süß und saftig, mit viel Aroma. Allerdings lösen sich die Kerne nur schwer.

3. Pflaumen und Zwetschgen haben oft einen weißen Belag. Dieser natürliche Schutz, den die Frucht entwikkelt, ist leicht abzuwischen. Da er das saftige Fruchtfleisch vor der Ausdünstung bewahren soll, ist es notwendig, daß er möglichst lange auf den Früchten bleibt. Das ist also kein Qualitätsfehler. Im Gegenteil, fehlt dieser Reif, wurden die Früchte meistens unsachgemäß behandelt.

Leider werden nicht selten unreife Pflaumensorten angeboten, deren Geschmack gegenüber den reifen Sorten beträchtlich abfällt.

Gute Zwetschgen können Sie an der Farbe beurteilen. Rote oder rötliche Schale bedeutet eine zu frühe Ernte. Wann immer möglich, verzichten Sie auf diese Ware.

Der Farbentest bei Pflaumen hingegen ist nicht möglich, da es farblich zu große Unterschiede gibt. Reife Früchte sollten aber auf leichten Fingerdruck hin nachgeben.

Dasselbe gilt auch für Mirabellen und Renekloden.

Wenn Sie sich nicht sicher sind, ob Sie ausgereifte Früchte vor sich haben, probieren Sie. Das ist beim Obst zwar oft nicht einfach, notfalls kaufen Sie eine Frucht und probieren diese sofort. Nachkaufen können Sie immer, und Sie ersparen sich eine geschmackliche Enttäuschung.

Reife Früchte sollten Sie möglichst rasch verbrauchen. Zwar lassen sich Zwetschgen länger lagern, doch sollten Sie nicht sofort verwendbare Früchte in den Kühlschrank legen und vorher nicht abwischen.

4. Alle Sorten lassen sich am besten so entkernen: Halb aufschneiden und den Kern herausnehmen, was aber bei Pflaumen und Renekloden nicht immer einfach ist.

Außer zum rohen Verzehr eignen sich die Früchte auch hervorragend zum Kochen oder Einlegen.

Die beliebtesten Varianten sind Pflaumenmus, Zwetschgenknödel und -kuchen, süß-sauer zu Fleischgerichten oder Suppen und eingelegt in Zwetschgenwasser, besser noch in markanten lieblichen Weinen, zum Beispiel in Tokajer.

5. Neben den Mineralstoffen Calcium, Eisen, Kalium und Phosphor verfügen die Pflaumensorten auch reichhaltig über die Vitamine A, B und C. Der Fruchtzuckeranteil ist ziemlich hoch.

Pflaumen, auch getrocknete, gelten als verdauungsanregend, ebenso wie Pflaumensaft.

Pomelo

1. Die Pomelo ist das Ergebnis einer israelischen Züchtung aus einer Pampelmuse mit einer Grapefruit.

Man baut sie jetzt auch in Südafrika an. Aus diesen beiden Ländern stammen unsere Importe, die fast ganzjährig eintreffen.

2. Pomelos sind etwa kindskopfgroß und damit größer als Grapefruits, aber bedeutend kleiner als die riesigen Pampelmusen. Die Form dieser Früchte ist meist birnenförmig. Die großporige, dicke Schale kann eine gelbliche bis grüne Färbung aufweisen.

Das neuerdings oft kernlose Fruchtfleisch ist weiß bis rosa und hat einen leicht säuerlichen Geschmack.

Rosa Pomelo, eine Neuzüchtung

3. Je schrumpeliger die Schale ist, desto reifer ist die Frucht. Deshalb sollten Sie bevorzugt solche Pomelos kaufen.

Sie halten sich bei Zimmertemperatur, solange sie noch nicht ganz ausgereift sind, bis zu zwei Wochen.

4. Pomelos wirken zwar größer als Grapefruits, wenn Sie aber die ungenießbare Schale und die bittere weiße Haut entfernen, werden Sie eine Überraschung erleben. Das Fruchtfleisch ist nämlich keinesfalls größer als das der Grapefruits. Mehr scheinen als sein, das gilt aber nur für die Größe, nicht für den Geschmack.

Verwenden läßt sich die Pomelo natürlich pur, in Fruchtsalaten, als erfrischende Eisbeilage, als Kuchenbelag mit milderen Früchten und als Marmelade, vielleicht mit einem Schuß Orangenlikör.

Auch eignet sie sich warm zu Geflügel- und Fischgerichten. Man schält und zerteilt Pomelos wie Grapefruits.

5. Die Inhaltsstoffe sind mit denen der Grapefruit nahezu identisch.

Preiselbeere

1. Die Preiselbeere ist auf den Heiden, Mooren und in den Wäldern Eurasiens zu finden. Wurden bis vor einigen Jahren nur die wildvorkommenden Früchte auf den Markt gebracht, so kultiviert man sie inzwischen in Skandinavien und in Deutschland.

Preiselbeeren

Von August bis Oktober findet man neben heimischer Ware auch Importe aus diesen Ländern.

2. Preiselbeeren sind kleine, bis zu 1 cm große runde bis ovale Früchte, die in Trauben an niedrigen Sträuchern wachsen. In reifem Zustand sind sie hell- bis hochrot gefärbt. Die Schale ist glatt und glänzend und umhüllt das saftreiche Fruchtfleisch, das von wenigen kleinen Samenkernen durchsetzt ist.

Den Geschmack kann man mit herbsäuerlich wohl am besten beschreiben. Manchmal können diese Früchte aber auch etwas bitter sein.

3. Leider sind die Preise für frische Beeren sehr hoch, so daß es sich lohnen kann, diese selbst zu suchen.

Lagern können Sie die Beeren bis zu einer Woche im Kühlschrank. Trotzdem sollte man sie möglichst schnell verarbeiten, da ihr Vitamingehalt schnell schrumpft.

4. Bekannt sind Preiselbeeren vor allem durch ihre Verarbeitung zu Konfitüren und Kompotten, die man meist zu Wildgerichten oder geschmortem Rindfleisch reicht. Auch die Beigabe zu gebackenem Camembert ist zu Recht beliebt.

Sie lassen sich, kurz gewaschen und verlesen, aber auch in Saucen zu Wildgerichten verarbeiten. Dafür am besten kurz mitgaren lassen und wieder entfernen.

5. Neben vielen Fruchtsäuren enthalten Preiselbeeren vor allem die Vitamine A, B und C sowie etliche Mineralstoffe, besonders Calcium, Eisen und Magnesium.

Quitte

1. Ursprünglich im Kaukasus beheimatet, kam die Quitte schon früh nach Griechenland und Kreta, welches schon in vorchristlicher Zeit berühmt für diese Früchte war.

Durch die Jahrhunderte verbreiteten sich die Quitten über den ganzen Mittelmeerraum. In unseren Breiten sind Quittenbäume noch vereinzelt in alten Bauerngärten zu finden.

Vor allem aber erhalten wir Quitten aus Italien und Jugoslawien, und zwar von September bis November. Die Nachfrage hält sich in Grenzen.

2. Die Größe der Früchte richtet sich nach Sorte und Standort. Die Schale, gelbgrün oder goldgelb, wird in reifem Zustand zitronengelb. Sie ist glatt und lederartig und mit einem weichen hellen Flaum überzogen. Das harte und oft holzige Fruchtfleisch schmeckt herb-säuerlich und wird üblicherweise nicht roh verzehrt.
Im Inneren der Quitte, die zum Kernobst gehört, findet man ein Kernhaus mit kleinen Samen.

3. Da die Quitte gut nachreift, kann man sie zu Hause noch bis zu zwei Wochen lagern, am besten in kühlen, aber frostfreien Räumen. Quitten sollten Sie nicht neben anderen Obstsorten lagern, da sie ihren Duft übertragen. Reife Früchte verströmen einen angenehmen aromatischen Duft und man erkennt sie an ihrer zitronengelben Schale.

4. Vor der Verarbeitung der Quitten muß der helle Flaum abgerieben werden, am besten mit einem trockenen Tuch.
Für Gelees, Marmelade, Konfekt oder Quittenbrot werden die Früchte mit Schale und Kernhaus verarbeitet.
Zu Kompott oder süß-sauer Eingelegtem: schälen und entkernen Sie aber die Quitten. Sie passen auch gut zu Sauerkraut oder Steckrüben.

5. Neben Säuren, Tannin und Zucker sowie Pektin, weisen diese Früchte einen nennenswerten Anteil an den Vitaminen B und C auf. Dazu kommen noch vor allem die Mineralstoffe Calcium, Kalium und Phosphor.

Satsuma

1. Die Herkunft der Satsumas liegt im Dunkeln. Ob sie Züchtungen der Mandarinen aus Asien oder ein Resultat erfindungsreicher spanischer Plantagenbesitzer sind, weiß keiner mehr zurückzuverfolgen. Richtig ist aber, daß sie bereits seit 40 Jahren auf deutschen Märkten angeboten werden.
Außer in den Mittelmeeranliegerstaaten werden sie vorwiegend auch in Japan und den USA angebaut. Vor allem Spanien liefert uns diese Früchte von Oktober bis Januar.

2. Leuchtend orangefarben bis zu Schalen mit rötlichem Schimmer, Satsumas sehen dennoch wie Mandarinen aus. Die ledrige Schale umhüllt ein orangefarbenes Fleisch, das sehr wenige Kerne hat.
Saftig, aber mit geringer Säure schmecken Satsumas mitunter langweiliger als ihre Verwandten, die Clementinen und Mandarinen.

3. Auch Früchte mit grüngelben Flecken können Sie getrost kaufen, aber makellose sind vorzuziehen.
Früchte mit gelborangen matschigen Flecken lassen Sie liegen. Im Kühlschrank können Sie Satsumas etwa zwei Wochen lagern.

4. Auch hier gilt: Schälen, weiße Fäden entfernen und in die einzelnen Fruchtsegmente hineinbeißen. Sollten Sie Früchte mit etwas langweiligerem Geschmack vor sich haben – was man leider beim Einkauf nicht feststel-

Quitten

54

Satsumas

len kann –, so geben Sie je nach Vorliebe Zitronen- oder Orangensaft dazu. Manche mögen sie auch etwas gezuckert.

Satsumas eignen sich auch zu Desserts oder Kuchen. Für warme Gerichte sind sie weniger empfehlenswert.

5. Die Inhaltsstoffe sind mit den Angaben zur Mandarine vergleichbar.

Stachelbeere

1. Die ursprünglich in Eurasien, im Westhimalaja und Nordafrika vorkommende Stachelbeere wird inzwischen in allen gemäßigten Klimazonen der Welt angebaut.

Die Saison ist zwischen Mai und August, Importe vor allem aus Holland decken unseren Bedarf.

2. Die haselnuß- bis kirschgroßen Beeren treten je nach Sorte in unterschiedlichen Formen auf: kugelig, eiförmig, oval oder länglich.

Die Stachelbeere ist auch in den unterschiedlichsten Farben anzutreffen, grün, gelbgrün, braungrün, gelb und rot, teilweise sind sie auch mit Streifen versehen.

Die feste, mehr oder weniger behaarte Schale umhüllt das sehr saftige, gallertartige Fruchtfleisch, das mit vielen Kernen durchsetzt ist.

Der Geschmack ist sehr unterschiedlich, wobei rote Sorten eher zum Süßen tendieren und grünliche Beeren oft sehr viel Säure haben.

3. Geerntet und auf den Markt gebracht, reifen die Beeren im Haushalt nur wenig nach. Achten Sie also auf vollreife Beeren. Am besten, Sie bitten darum, eine Beere probieren zu dürfen. Grüne, unreife Früchte, die bereits ab Mai auf den Markt kommen, schmecken roh unangenehm, sind aber für Marmeladenherstellung oder Chutneys bestens geeignet.

Stachelbeeren können bis zu fünf Tagen im Kühlschrank gelagert werden.

4. Neben der Verarbeitung zu Marmeladen oder Chutneys eignen sich eingekochte Beeren auch zu Süßspeisen, Gelees, Kompotten und Grützen. Süßsauer eingelegte Beeren sind auch als pikante Beilage zu Fleischspeisen interessant. Obligatorisch ist die Verarbeitung reifer Früchte zu Kuchen, Torten oder Kleingebäck.

Ein Tip: Verarbeiten Sie pektinarmes Obst zusammen mit Stachelbeeren zu Marmelade, dann geliert diese besser.

5. Stachelbeeren enthalten je nach Reife, Sorte und Standort unterschiedlich viel Vitamin C, daneben vor allem auch Calcium, Eisen, Phosphor und Kalium.

Rote Stachelbeeren

Sweetie

1. Auch diese Frucht ist eine Kreuzung. Vor etwa zehn Jahren entstand sie als Ergebnis einer Verbindung von Pomelo und Grapefruit. Das Ursprungsland ist Israel, das auch unsere Einfuhren vor allem in den Monaten September bis April übernimmt.

2. Sweeties sind oval, größer als Grapefruits und wiegen, je nach Sorte, zwischen 300 und 1500 g. Die Schale ist grün bis grüngelb, glänzend und feinporig.
Das intensiv-gelbe Fleisch ist süß-aromatisch, wie es der Name eben verspricht.

3. Der Verbraucher hat nicht selten Probleme mit dem Kauf dieser Frucht.

Das liegt aber nur an dem Umstand, daß wirklich reife Sweeties grün oder gelbgrün, also unreif aussehen.
Lagern können Sie die köstlichen Sweeties im Kühlschrank etwa zwei Wochen.

4. Nach dem Entfernen der Schale, der weißen Haut und möglichst auch der einzelnen weißen Häutchen erwartet Sie der angenehm süße Geschmack, der nicht nur bei Kindern äußerst beliebt ist.
Sweeties schmecken nicht nur roh vorzüglich, auch als Marmelade, Kuchenbelag, Bestandteil von Obstsalaten oder mit Vanilleeis sind sie eine Bereicherung der Früchteküche.

5. Die Inhaltsstoffe sind mit denen der Grapefruit vergleichbar, aber ihr Fruchtzuckeranteil ist höher.

Tamarillo
(Baumtomate)

1. Die Baumtomate gehört zur Sippe der Nachtschattengewächse, ist daher also mehr Verwandte der Tomate und Kartoffel, ohne aber wie diese zu schmecken. Tamarillos wachsen auf 3 bis 5 Meter hohen Tomatenbäumen in subtropischen Gebieten. Ihre Heimat waren die Anden in Peru. Unsere ganzjährige Belieferung garantieren Importe aus Brasilien, Kolumbien, Kenia, Südafrika und Neuseeland.

2. Die Tamarillos werden bis zu 9 cm lang und haben eine langgezogene Eiform. Es gibt gelbe, gelbrote, aber auch rötliche und braunrote Sorten. Entsprechend sieht auch das Fruchtfleisch aus. Es ist am Rand eher fest und wird zum Fruchtinneren hin immer weicher. Das gallertartige Innere hat viele dunkle, aber weiche, eßbare Kerne. Der Geschmack ist süßsauer.

3. Leider kann man Baumtomaten nicht generell beurteilen. Aus noch unbekannten Gründen entwickelt sich ihr Geschmack sehr unterschiedlich, so daß man sie in der einen Woche vorzüglich findet und in der nächsten Woche eher langweilig, wenn die Ware aus unterschiedlichen Ernten besteht. Darum sollten Sie, wenn Sie mehrere Früchte kaufen möchten, erst eine Tamarillo probieren.
Obwohl sie mehr oder weniger unreif geerntet werden, ist ihre Haltbarkeit sehr begrenzt. Im Kühlschrank sollten

Sweetie

Tamarillo

Sie Baumtomaten nicht länger als drei Tage aufbewahren.

4. Die Haut schmeckt ziemlich bitter, deshalb stets entfernen. Alles andere ist eßbar.
Die Anwendungsmöglichkeiten sind sehr zahlreich. Mancher ißt Tamarillos gerne roh, mit Zucker, Salz oder Pfeffer bestreut. Jedenfalls passen sie gut zu Obstsalaten, bevorzugt mit Bananen, aber auch zu pikanten Salaten mit Zwiebeln.
Sie können daraus Marmelade, zusammen mit Äpfeln und Limetten, oder Chutney kochen, ebenso eignen sie sich zu pikanten Eintöpfen.

5. Neben Calcium, Eisen, Magnesium und Phosphor weisen Tamarillos vor allem die Vitamine A und C auf.

Tangerine

1. Auch hier liegt die Entstehung in der Grauzone. Man weiß nur, daß Japan und die USA die Hauptanbauländer sind und beide sich über die Erstentdeckung der Frucht uneinig bleiben. Weitere Anbaugebiete sind die Mittelmeerländer und Südafrika. Die momentane Belieferung unserer Märkte findet von Dezember bis März und Juni bis August statt. Lieferländer sind vor allem Spanien und Israel, Marokko und Südafrika.

2. Der kleinste Vertreter der Mandarinengruppe ist an der Abflachung der beiden Enden zu erkennen und an seiner orangeroten Schale. Wobei die einzelnen Mandarinenvarianten schwer voneinander zu trennen sind. Das saftige, orangerote Fruchtfleisch der Tangerine ist säurearm, im Geschmack verhalten und mit wenigen Kernen versehen.

3. Kaufen Sie makellose orangerote Früchte. Lagern können Sie Tangerinen vor allem im Kühlschrank mindestens zwei Wochen.

4. Die leicht lösbare Schale und die weißen Streifen sind schnell entfernt. Durch ihre nicht sehr ausgeprägte Säure passen Tangerinen zu Kuchen und zu Geflügel- und Reisgerichten. Auch hier gilt: Besser schmecken die Früchte, wenn Sie die einzelnen Häutchen ebenfalls entfernen.

5. Die Inhaltsstoffe sind ähnlich wie bei den Mandarinen.

Tangerine

Weintraube

1. In Mittelasien und Transkaukasien entwickelte sich die Traube bereits in der frühzeitlichen Geschichte. Nur 10 % der weltweit angebauten Trauben werden als Tafeltrauben verzehrt. Dazu kommen etwa 5 % als getrocknete Früchte, Rosinen, und der große Rest fließt durch unsere Kehlen.

Trauben sind in der Regel das ganze Jahr über erhältlich, wenn auch zu stark schwankenden Preisen. In den Monaten September und Oktober werden sie besonders günstig angeboten. Hauptlieferanten sind Italien, Griechenland, Spanien und Frankreich.

2. Weiße Weintrauben sind in Wirklichkeit gelb, grün, manchmal bernsteinfarben und je nach Sorte klein oder groß, mit oder ohne Kerne.

Blaue Weintrauben sind rötlichblau bis blauschwarz, meist mittelgroß und meistens mit Kernen versehen.

Je nach Lese, Land und Sorte schmekken die Trauben, ähnlich den Weinen, unterschiedlich. Einen sehr eigenen Geschmack bieten die Muskattrauben.

3. Trauben reifen nicht mehr nach. Was den Einkauf etwas schwieriger macht, ist das Fehlen zuverlässiger Geschmacksmerkmale. Grünschaligkeit gilt im Prinzip zwar als Zeichen fehlender Reife, ist jedoch nicht generell richtig.

Darum sollten Sie den Händler bitten, eine Traube kosten zu dürfen, bevor Sie zu Hause saure Trauben essen müssen.

Bei der Lagerung achten Sie auf faule Trauben, die Sie unbedingt entfernen müssen. Im Kühlschrank halten sich die Früchte einige Tage, sofern Sie stets rechtzeitig verdorbene Beeren entfernen.

4. Vor dem Essen die Weintrauben sorgfältig in lauwarmem Wasser abwaschen. Die meisten Beeren werden roh verzehrt. Sie eignen sich auch zu Desserts und Torten oder Obstkuchen. Ihr Geschmack verträgt sich aber auch gut mit Geflügel und Wildgeflügel.

Warm bereiten Sie Trauben am besten so zu: waschen, gut abtropfen lassen, möglichst halbieren und in einer Sauce heiß werden lassen. Wer den Aufwand nicht scheut, der sollte dafür die Kerne mit einem Messer entfernen.

Natürlich sind Weintrauben auch als eßbare Dekoration gut zu verwenden. Eine Käseplatte beispielsweise gewinnt erheblich an optischem Wert, und nicht selten bleibt zwar der Käse übrig, jedoch keine Trauben.

5. Trauben gelten als hochwertige Früchte. Vor allem ihr Gehalt an Calcium, Eisen, Kalium und Phosphor und an den Vitaminen C und der B-Gruppe ist erwähnenswert.

Dazu liefern sie schnell wirkenden, energiereichen Traubenzucker und gelten als entschlackend, gicht- und arteriosklerosehemmend und regen die Darm- und Nierentätigkeit an.

Grüne Weintrauben

Zitrone

1. Die Zedratzitrone als Stammfrucht der Zitrusfamilie stammt aus Südostasien. In diesem temperierten Klima fühlt sich auch die Zitrone am wohlsten. Heute wird sie auch in den meisten Ländern des Mittelmeerraumes und Amerikas angebaut.
Zitronen sind als wichtige Vitamin-C-Träger das ganze Jahr erhältlich.

2. Man verbindet mit dem Wort Zitrone gelbe, pralle Früchte. Aber es gibt dickschalige, grünlich glänzende, großporige Zitronen ebenso wie dünnschalige, saftig-gelbe und feinporige Sorten mit gelbem oder gelbgrünem Fruchtfleisch.

3. Der Kauf von unbehandelten Zitronen – behandelte müssen als solche ausgezeichnet werden – ist natürlich vorzuziehen, auch wenn Sie die Schale nicht verwenden können. Gelegentlich grüne Flecken bedeuten übrigens keine qualitativ minderwertige Ware. Bevorzugen sollten Sie auf jeden Fall kleinere Früchte mit feinporigen Schalen, sie sind saftiger. Ob eine Zitrone wirklich reif ist, erkennen Sie an dem gleichmäßigen Glanz.
Je nach Reife lassen sich Zitronen auch lagern. Im Kühlschrank oder bei Zimmertemperatur halten sie sich bis zu zwei Wochen.

4. Wenn Sie das fein-herbe Aroma der Zitronenschalen zum Würzen verwenden, sollten Sie die unbehandelte Schale heiß abwaschen und danach

Zitronen

trockentupfen. Dann, je nach Verwendung, fein reiben oder spiralenförmig dünn abschneiden. Dabei die weiße Haut entfernen. Die Schale findet Verwendung in Saucen, Kuchen und als Drinkdekoration. Dafür die Schale über dem Glas leicht knicken, damit die ätherischen Öle frei werden.
Der Saft der Zitrone eignet sich vor allem zum Würzen von Desserts, Salaten oder Salatsaucen, Fischsaucen und pikanten Eintöpfen. Natürlich auch zu kalten Getränken, erfrischend im Mineralwasser, als Geschmacksträger in Cocktails und anderen Drinks sowie zu einem heißen Tee. Das Fruchtfleisch können Sie als Kuchen- und Tortenfüllung verwenden, besser noch zu Marmeladen, pur oder gemischt.
Auch bei der Zitrone gilt: Durch kräftiges Rollen und gleichzeitiges Drücken erhalten Sie auch den letzten Tropfen Saft. Ein Arbeitsbrett eignet sich dafür am besten, da Ihre Tisch-

platte sonst durch das Zitronenöl in der Schale verschmiert wird.

5. Zitronen wurden vor allem durch ihren hohen Vitamin-C-Gehalt bekannt, der allerdings durch Erhitzen vermindert wird (Tee, heißes Zitronenwasser). Dazu enthält diese Frucht viele Mineralstoffe, vor allem Eisen, Magnesium und Schwefel.
Um der berüchtigten Vitaminmangelkrankheit Skorbut vorzubeugen, gab die englische Marine ihren Handels- und Kriegsschiffen stets eine große Ladung Zitronen mit. Damit die Seeleute zum Genuß ermuntert wurden – wer ißt schon gerne Zitronen pur –, wurde der Zitronensaft mit Gin oder Rum angereichert. Diese Rezepte erfreuen sich übrigens auch noch in den heutigen Zeiten großer Beliebtheit, wenn sie auch nicht mehr dazu dienen, dem Skorbut vorzubeugen. Aber mit dieser Tradition will niemand brechen.

Gemüse und Salate

Artischocke

1. Die exakte Herkunft der Artischocke ist leider nicht bekannt. Doch fand man Abbildungen bereits in den Pharaonengräbern etwa 500 v. Chr. Seit dem 13. Jahrhundert eroberte die Artischocke die europäischen Fürstenhöfe.
Heute wird sie aus nahezu allen Mittelmeerländern importiert. Auch in Deutschland wächst vereinzelt dieses Gemüse, das beinahe das gesamte Jahr erhältlich ist.

2. Dieses Distelgemüse wird je nach Art bis zu 500 g schwer. Die meist rundlichen, 6–13 cm großen Artischocken weisen einen hellgrünen oder violetten Farbton auf. Die kleineren Sorten mit blauvioletter Farbe kommen vor allem im Frühjahr auf unsere Märkte. Der Herbst verwöhnt uns mit den großen dicken Artischocken aus Frankreich.
Der fein-herbe Geschmack der Blätter und der fleischige Boden, auch Artischockenherz genannt, veranlaßte früher die Ärzte, dieses Gemüse als Aphrodisiakum anzubieten.

3. Beim Kauf dieses relativ teuren Gemüses – etwa ein Viertel davon ist nur eßbar – achten Sie bei den grünen Sorten auf eine frisch-grüne Farbe. Eine Braunfärbung der Blattspitzen deutet auf eine zu lange Lagerung hin.
Bei allen Sorten gilt: Angetrocknete Blattspitzen bedeuten eine Geschmacksverschlechterung. Sie bleiben beim Kochen auch ziemlich hart. Frische Artischocken können, gut abgedeckt, im Kühlschrank etwa eine Woche gelagert werden.

4. Vereinzelt ißt man kleine Artischocken roh, dafür müssen sie aber sehr zart sein. Für gewöhnlich kocht man Artischocken in Essigwasser, oder man umwickelt sie mit Zitronenschnitzen, bevor man sie kocht. Aber keine Aluminiumtöpfe nehmen, in denen verfärben sich Artischocken grauschwarz.
Nach dem Kochen serviert man dieses Gemüse am besten mit Dips und Baguette. Man zupft die Blätter ab, taucht das dickere Ende in den Dip und zieht mit den Zähnen den fleischigen Blattansatz ab. Das Artischockenherz wird auch gerne gefüllt, am besten mit Champignons, Kalb-, Hähnchen- oder Krabbenfleisch.

5. Die Artischocken weisen einen nennenswerten Anteil an Calcium, Eisen, Magnesium und Phosphor auf, dazu die Vitamine A und B. Der Bitterstoff Cynarin ist nicht nur für die Magenschleimhaut gesund, er fördert auch die Verdauung.

Aubergine

1. Die Ursprungsform der Aubergine war eiförmig, eigroß und weiß. Daher stammt auch ihr englischer Name egg-plant, Eierpflanze. Erst im 19. Jahrhundert wurde die heutige Form gezüchtet. Das Nachtschattengewächs stammt aus Indien und ver-

Runde Artischocken aus Frankreich

breitete sich langsam aber unaufhörlich nach China, dem heute größten Produzenten, nach Arabien, Afrika und Europa.

Unsere Märkte werden ganzjährig vor allem von der Türkei, Italien und Spanien beliefert. Aus Holland und Deutschland kommt ein geringerer Teil, da die Aubergine ein wärmeres Klima bevorzugt.

2. Das violette, meist keulenförmige Aussehen sticht auf den Märkten gut hervor. Es gibt aber auch schwärzliche Sorten, rund-ovale oder schmale längliche.

Aufgeschnitten offenbart sich die Aubergine cremefarben mit weißen, weichen Samenkernen.

Das bis zu 30 cm lange und je nach Sorte 4–13 cm dicke Gemüse, das im Extremfall bis zu 900 g schwer werden kann, ist geschmacklich zunächst unbefriedigend. Es entfaltet sich erst unter Zugabe von Öl und Gewürzen. Dann allerdings weiß man, weshalb die Aubergine in so vielen Küchen ein begehrtes Gemüse ist.

3. Bei einer reifen Frucht gibt die Schale auf Druck etwas nach. Frisches Gemüse erkennen Sie am stacheligen, knackig-grünen Stiel.

Auberginen mit braunen Flecken sollten Sie nicht mehr kaufen. Zu Hause können Sie eine geschmacksmindernde Überreife an braun verfärbten Kernen und leicht schwammigem Fruchtfleisch erkennen. Zu junges Gemüse sollten Sie wegen des möglichen Anteils an giftigem Solanin noch einige Tage liegen lassen.

Aubergine

Im Kühlschrank hält sich die Aubergine etwa eine Woche lang. Allerdings sollte sie nicht neben Tomaten oder Obst lagern.

Zum Einfrieren eignen sich Auberginen erst nach einigen Vorbereitungen. Da dieses Gemüse stets zu haben ist, sollten Sie daher auf einen Vorratskauf verzichten.

4. Vor der Verwendung schneiden Sie den grünen Stiel ab. Die Schale wird üblicherweise mitgegessen. Um den Auberginen überschüssiges Wasser und vor allem Bitterstoffe zu entziehen, halbieren Sie die Früchte längs oder schneiden sie in etwa 0,5 cm dicke Scheiben, je nach späterer Verwendung. Das Gemüse wird dann kräftig gesalzen und auf ein Sieb gelegt. Nach etwa 15 Minuten

waschen Sie dann die Auberginen gründlich ab und trocknen sie mit einem Küchentuch.

Das Gemüse vor einer weiteren Verwendung in Öl anbraten. Davon werden Sie meistens reichlich brauchen, aber nur so wird aus dem Aschenputtel die begehrte Prinzessin.

Dann benötigen Sie, je nach Rezept, auch Knoblauch, Pfeffer, Salz, Kreuzkümmel, Zitronensaft, Paprika oder Oregano, und vor allem Zwiebeln.

Besonders gut ist die Beigabe von Tomaten. Servieren können Sie Auberginengemüse vor allem zu Hackfleisch oder Rind, aber auch als Bestandteil von Ratatouille ist es beinahe unentbehrlich.

Um Öl zu sparen, können Sie Auberginen auch zuerst in wenig Öl anbraten und dann in Wasser, Gemüse- oder Fleischbrühe fertig dünsten.

In manchen Rezepten, beispielsweise Auberginenpüree, wird das Schälen der Früchte empfohlen. Das gelingt am einfachsten, wenn Sie das Gemüse im Backofen bei 200°C etwa 20 Minuten von allen Seiten grillen. Färbt sich die Schale schwarz, können Sie sie mühelos abziehen. Aber Sie können die Aubergine auch wie eine Kartoffel schälen, es dauert nur etwas länger.

5. Ein Grund, die Auberginen nicht zu schälen, liegt an den Vitaminen B und C, die sich überwiegend in der Schale befinden. Ansonsten bietet das Gemüse Calcium und Eisen. Der niedrige Kalorienwert wird durch die Zubereitung in Öl allerdings beträchtlich erhöht.

Batate
(Süßkartoffel)

1. Die Batate, auch Igname genannt, kommt ursprünglich aus Südamerika. Heute wird sie auch in Ländern mit gemäßigterem Klima angebaut. Je heißer das Klima, desto süßlicher schmeckt sie. In vielen Ländern wird sie ähnlich wie unsere Kartoffel verwendet.
Auf unsere Märkte kommt die kälteempfindliche Pflanze vor allem im Sommer aus Brasilien und den Mittelmeerstaaten.

2. Die Batate ist meist bräunlichrot und weiß-, gelb- oder rotfleischig. Sie wird bis zu 30 cm lang und wiegt nicht selten über 500 g. Der Geschmack ist mehlig-süßlich. Weißfleischige Sorten sind süßer, die gelben mehliger.

3. Die Knolle wird zwar nicht selten das ganze Jahr angeboten, doch ist ein Kauf in den kühleren Jahreszeiten nicht zu empfehlen. Bei Temperaturen unter 8 °C verderben die stärkereichen Süßkartoffeln schnell. Deshalb sollten Sie diese luftig, trocken und lichtgeschützt in wärmeren Räumen lagern.

4. Auch die Batate ist vielseitig verwendbar. Nach dem Waschen in der Schale kochen, pellen und als Salat mit Curry abschmecken, es darf auch Ingwer sein. Die Kochzeit ist je nach Größe unterschiedlich, rechnen Sie mit mindestens 20 Minuten und machen Sie den Messertest. Einschneiden, und wenn kein Widerstand mehr zu spüren ist, sind sie fertig.
Feiner schmecken die Bataten, wenn sie mit einer Gabel mehrfach eingestochen werden und mit Butter bestrichen bei 200 °C etwa 30 Minuten, bei größeren 40 Minuten, gebacken werden. Danach pellen und weiterverarbeiten. Püree mit Eiersahne überbacken oder mit Salz, Pfeffer und Orangensaft würzen.
Sie können die Batate auch roh schälen, in Scheiben schneiden und je nach Dicke 10–20 Minuten braten. Dazu passen vor allem Äpfel oder Kohlrabi, aber auch Speck und Zwiebeln.

5. Bataten enthalten Calcium, Eisen, Kalium, Magnesium und Phosphor und etwas Vitamin C.

Batate

Batavia-Salat

1. Dieser Salat wurde in Frankreich gezüchtet. Er ist eine Kombination aus Eissalat und Kopfsalat. Importe kommen natürlich aus Frankreich sowie Italien und Holland. Der heimische Anbau steigt, so daß der Batavia nahezu das ganze Jahr erhältlich ist.

2. Batavia ähnelt im Geschmack dem Eissalat. Er ist würziger und herzhafter als der Kopfsalat. Die Blätter sind knackig-frisch. Ein Salatkopf kann bis zu 500 g schwer werden.
Die Blätter sind stark gewellt und dickfleischig. Der Kopf kann leicht geöffnet, dabei halbkugelförmig, aber auch fest verschlossen sein.
Die Farbe der Blätter ist je nach Sorte gelbgrün bis rötlichgrün.

3. Wie bei allen Salaten erkennt man die Frische vor allem an den äußeren Blättern. Sind diese schon leicht welk oder haben gar einen bräunlichen Rand, so lassen Sie ihn liegen.
Den gewaschenen, abgetropften Salat können Sie, in einem Küchentuch lose eingeschlagen, einige Tage im Kühlschrank aufbewahren.

4. Der Strunk und die Außenblätter werden entfernt. Die anderen Blätter schneiden Sie am besten klein.
Batavia verträgt pikante Dressings und harmoniert im Geschmack mit allen anderen Sorten.
Die Blätter bleiben länger knackig, sollten also vor anderen Salatzutaten geschnitten werden.

Batavia-Salat

Für bunte Salatteller empfehlen wir aus Dekorationsgründen mehr die rötlichen Sorten.

5. Nicht von ungefähr sollte ein Salatteller unseren täglichen Speiseplan bereichern.

Wie die meisten anderen Salatsorten enthält auch der Batavia Calcium, Eisen, Kalium und Phosphor, die Vitamine A, B und C, Spurenelemente sowie Apfel- und Zitronensäuren.

Blumenkohl

1. Die Wildform des Blumenkohls entstand vor allem auf Kreta und Zypern und an den europäischen Mittelmeer-

küsten. Seit seiner Kultivierung durch die Italiener vor etwa 400 Jahren ist er in ganz Europa verbreitet, seit einiger Zeit auch in Asien. Wir beziehen diesen ganzjährig angebotenen Kohl vor allem aus Holland, Belgien, Frankreich und Italien, da nur weniger als die Hälfte unseres Verzehrs aus heimischem Anbau stammt.

2. In den Sommermonaten kommt dieses Gemüse normalerweise freigeschlagen auf den Markt, das heißt, die Blätter reichen bis zur Scheitelhöhe des Kopfes, damit der Kohl besser atmen kann. In kalten Monaten sollte er bedeckt sein, damit er vor Frost besser geschützt ist.

Auf unsere Märkte kommen derzeit vier Hauptsorten:

Der **weiße Blumenkohl**, der meist sahneweiß verkauft wird, jedoch etwas dunkler fast besser schmeckt;

der **grüne Blumenkohl**, mit gelber bis gelbgrüner Farbe;

der **violette Kohl**, der sich beim Kochen leicht grün verfärbt, und der **Romanesco**, der wie eine bizarre Landschaft aussieht, aber ein feines Aroma aufweist.

3. Ob der weiße Blumenkohl schneeweiß, cremefarben oder vereinzelt mit braunen Punkten angeboten wird, der Geschmack leidet nicht darunter. Schneeweiß bedeutet lediglich, daß der Blumenkohl durch Blattmanipulation weniger der Sonne ausgesetzt wird. Wichtig ist nur ein Punkt: Er darf nicht unangenehm riechen.

Dieses Gemüse sollten Sie am besten noch am selben Tag zubereiten. Im Kühlschrank oder besser noch in einem kühleren Raum läßt er sich zwar noch eine knappe Woche lagern, doch wird sein Geschmack nicht besser dadurch, im Gegenteil.

Zum Einfrieren eignet sich das Gemüse natürlich auch. Am besten blanchieren Sie den Kopf und schneiden anschließend die Röschen ab. So läßt sich der Kohl am leichtesten auftauen.

4. Entfernen Sie das Blattgrün, aber nicht die kleinen zarten, hellgrünen Blättchen eng am Kopf oder zwischen den Röschen.

Dann schneiden Sie den Strunk etwas ab und legen den Kohl zuerst für 3–4 Minuten in kaltes Salzwasser. Das vertreibt Bewohner, die sich beim oft chemiefreien Anbau einnisten können. Dann spülen Sie den Kohl ab.

Blumenkohl

Am einfachsten kocht man zuerst den ganzen Kopf und zerteilt, falls nötig, die Röschen erst danach.

Gekocht bringt der Blumenkohl sein feines Aroma überall zur Geltung, sei es überbacken, gebraten, mit gebräunten Semmelbröseln bestrichen oder mit einer weißen Sauce angerichtet. Auch eine Käsesauce ist empfehlenswert. Die kleinen zarten Blättchen können Sie blanchiert oder in Butter gedünstet als extra Beilage servieren.

5. Der Blumenkohl enthält reichlich Vitamin C, dazu die Vitamine der B-Gruppe und die Mineralstoffe Eisen, Kalium und Magnesium. Unter den erwähnten Sorten besitzt der ›Romanesco‹ das meiste Vitamin C, der grüne Blumenkohl hat im allgemeinen höhere Nährstoffwerte.

Bohne

1. Bereits den Azteken galt die Bohne als wichtigstes Gemüse neben dem Mais. Die Spanier brachten eine grüne, schlanke Bohnensorte nach Europa, wo diese bald zu den beliebtesten Gemüsearten gehörten.

Um das ganzjährige Angebot zu gewährleisten, werden auf unseren Märkten Importe aus der ganzen Welt angeboten. Etwa ab Mai bekommen wir auch heimische Bohnen.

2. Da es über 100 Sorten gibt, beschränken wir uns auf die beliebtesten Vertreter oder Gruppen.

Brechbohnen
Rund oder oval geformte Schoten, die

vor dem Kochen in mundgerechte Stücke zerbrochen werden. Sie haben kleine Kerne und ein zartes Fruchtfleisch.

Schneidebohnen
Diese Bohnen weisen eine flache, breite und bis zu 20 cm lange Schote auf. In der Regel haben sie ein kräftiges Fruchtfleisch mit größeren Kernen. Vor dem Kochen werden sie schräg in Streifen geschnitten.

Prinzeßbohnen
Sehr dünne und zarte Schote, die wohl feinste Vertreterin der Bohnen. Sie werden im Ganzen serviert.

Haricots verts
Sehr dünne Bohnen mit rundem Querschnitt, ohne Samen. Fast identisch mit den Kenia-Böhnchen. Im Geschmack so edel wie Prinzeßbohnen.

Bobbybohnen
Sie werden vor allem in Afrika gezüchtet und in der Nebensaison angeboten. Rundlicher Querschnitt mit vielen kleinen Kernen.

Wachsbohnen
Diese gelbe Sorte gehört zu den Busch- oder Stangenbohnen. Auch das Fruchtfleisch ist gelb. Sie schmecken milder als die grünen Sorten.

3. Bohnen sollten Sie dann kaufen, wenn sie knackig aussehen und keine Flecken aufweisen. Die Schalen müssen sich glatt brechen lassen, wenn man sie kräftig umbiegt. Diese Stelle muß saftig sein.

Bohnen lassen sich nicht lange frisch halten. Welke Bohnen werden nicht nur schwerer gar, sie schmecken auch ziemlich fade. Im Kühlschrank höchstens zwei Tage aufbewahren.

Alle Bohnensorten eignen sich hervorragend zum Einfrieren. Dazu müssen sie vorher geputzt, gewaschen, portionsweise etwa 3 Minuten blanchiert und anschließend in Eiswasser getaucht werden. Die abgekühlten Bohnen verpacken und tiefgefrieren. Die Lagerdauer beträgt in diesem Zustand ca. 12 Monate.

4. Bohnenfäden, die man früher in der Küche mühselig abziehen mußte, sind nahezu weggezüchtet. Deshalb gelten Bohnen als problemloses Gemüse. Waschen, Spitze und Stielansatz abschneiden; mehr Vorbereitungszeit entfällt heutzutage.

Rohe Bohnen enthalten das giftige Phasin, das nach einer Kochzeit von etwa 10 Minuten zerstört wird. An-

dere Kochbücher schlagen zwischen 5 und 15 Minuten vor. Bei ›Haricots verts‹ empfiehlt man 7 Minuten.

Also Bohnen, auch für den beliebten Salat, unbedingt kochen, sonst können Sie sich unter anderem Magen- und Darmentzündungen zuziehen.

Nach dem Kochen sollten Sie grüne Bohnen kalt abschrecken, das erhält die kräftig-grüne Farbe.

Bohnen sind eine beliebte Salatbeigabe, solange sie nicht totgekocht werden. Der Verwendung als warme Beilage sind keine Grenzen gesetzt. Prinzeßbohnen, Kenia-Böhnchen oder ›Haricots verts‹ werden häufig nach dem Kochen nur leicht gewürzt serviert, vor allem zu Filets und Wild, ohne Beigabe von Saucen, eventuell mit einem Streifen Bauchspeck umwickelt.

Bohnen eignen sich aber auch vorzüglich zu Suppen oder anderen Gemüsesorten wie Kartoffeln oder Tomaten. Oft werden sie mit hellen Saucen

serviert. Auch mit Kräutern oder einem Spritzer Zitronensaft verfeinert, finden Bohnen ihre Liebhaber.

Diesem Gemüse sind – fast – keine Grenzen gesetzt, von den Trockenbohnen, die hier nicht behandelt werden, ganz zu schweigen.

5. Glücklicherweise sind Bohnen auch sehr gesund. Calcium, Kalium, Magnesium und Phosphor, Spurenelemente, die Vitamine A, B, C und E verleihen dem guten Geschmack der Bohnen einen hohen Ernährungswert.

Broccoli

1. Auch der Broccoli stammt von dem kaukasischen Urkohl ab. Allerdings wurde er mit einer kretischen Wildsorte gekreuzt. Schon Griechen und Römer schwärmten von diesem Ge-

Von links: Bohnen offen und im ganzen; rechts: Schneidebohnen

müse und schrieben ihm rauschlindernde Fähigkeiten bei allzu großem Alkoholgenuß zu.

Seine erste größere Verbreitung wurde allerdings erst im 18. Jahrhundert registriert, als er von Zypern aus Europa eroberte und unter dem Namen Bröckel- oder Spargelkohl Einzug in die Küchen hielt.

Eigenartigerweise verschwand er zu Beginn unseres Jahrhunderts von den Speisezetteln. Erst vor knapp 15 Jahren wurde er von den großen Köchen wiederentdeckt.

Heute erhalten Sie Broccoli zu einem wachsenden Teil aus deutscher Produktion. Hauptlieferant bleibt aber Italien, gefolgt von Frankreich. Das garantiert die Versorgung im ganzen Jahr.

2. Der aromatischere Verwandte des Blumenkohls besteht aus meist dunkelgrünen Blütenknospen, die auf fleischigen Stielen sitzen und einen relativ kleinen Kopf bilden.

Seinen früheren Namen Spargelkohl verdankt er auch dem feinen Geschmack seiner Stiele.

Vereinzelt wird auch weißer, gelber und violetter Broccoli angeboten, doch das sind Ausnahmen und werden es vermutlich auch bleiben. Die Farbe Grün vermittelt schließlich auch Frische und Gesundheit.

Ob groß- oder kleinblumige Sorten, der Broccoli schmeckt stets herzhafter als Blumenkohl, mit einem leichten Spinat- und Spargeleinschlag.

3. Wenn die Blütenknospen gelblichgrün und die Köpfe nicht mehr geschlossen sind, verzichten Sie besser auf Ihr geplantes Essen oder weichen lieber auf ein anderes Geschäft aus.

Denn in diesem Zustand schmeckt Broccoli bitter, und seine Stiele werden auch nicht mehr richtig zart.

Auch an den Blättern ist zu lange gelagerter Broccoli erkennbar. Bereits welke Blätter sollten Sie auch vom Kauf abhalten, wenngleich das noch nicht so schlimm ist wie die oben erwähnten Farbfehler.

Broccoli ist kein Gemüse auf Vorrat, auch wenn Sie ihn natürlich kurz blanchiert gut einfrieren können.

Im Kühlschrank hält er sich aber kaum länger als drei Tage.

4. Den Hauptstiel und größere Blätter sollten Sie abschneiden. Die kleineren Stiele schneiden Sie kreuzweise ein, so benötigen diese keine längere Garzeit als die Röschen, die schon nach sechsminütiger Kochzeit gar sind. Blumenkohl ist also ein richtiges Energiespargemüse.

Gekochten oder blanchierten Broccoli können Sie als Salatzugabe verwenden. Er harmoniert gut mit Champignons, Blumenkohl oder geriebenem Parmesan.

Gekocht können Sie Broccoli als Püree, mit oder ohne Kartoffelbrei, servieren. Er paßt zu Steaks und weißen Saucen ebenso wie als Auflauf mit einer Käsesauce überbacken.

Zu kräftigen Gerichten reichen Sie ihn mit etwas Knoblauch, zu feineren mit Pinienkernen oder Mandeln.

5. Der schonkostgeeignete Kohl ist arm an Kalorien, dafür reichhaltig an den Vitaminen A, B und C. Auch mit den Mineralstoffen Calcium, Eisen und Kalium geizt er nicht.

Broccoli

Chicorée

1. Die wilde Zichorie gilt als die Stammpflanze des heutigen Chicorée. Sie wuchs überwiegend in Europa, dem Nahen Osten und im nördlichen Afrika.

Erst vor 120 Jahren wurden in Belgien durch eine Überproduktion die Wurzeln in dunklen Räumen gelagert. Durch mangelndes Licht und viel Feuchtigkeit entstanden kräftige, dabei bleiche und zarte Knospen. Die Geburtsstunde des Chicorée.

Die heimische Produktion ist noch sehr gering, und so erhalten wir dieses Wintergemüse zwischen Oktober und April vor allem aus Belgien und Holland.

2. Das Gemüse gleicht in der Form einem Maiskolben. Es wird etwa 20 cm lang und bis zu 5 cm breit. Um einen Mittelkern gruppieren sich fleischige, enganliegende Blätter, die idealerweise weiß bis goldgelb sind.

Das Gewicht eines Chicorée beträgt etwa 100–150 g.

Sein Geschmack ist leicht bitter, läßt sich aber küchentechnisch korrigieren. Neu auf dem Markt kann man vereinzelt auch Roten Chicorée sehen, eine Mischung aus dem herkömmlichen Chicorée und Radicchio. Diese Sorte ist jedoch mehr als Salat geeignet.

3. Achten Sie beim Kauf auf geschlossene Köpfe und hellgelbe Spitzen. Chicorée mit braunen Flecken ist überlagert und schmeckt aufdringlich.

Chicorée

Grüne Spitzen sind ein Zeichen falscher Lagerung. Auch in diesem Fall verzichten Sie besser darauf.

Der Chicorée ist eben sehr empfindlich. Sie sollten ihn, am besten mit Papier abgedeckt, im Gemüsefach nicht länger als fünf Tage aufbewahren.

4. Die meisten derzeit angebotenen Sorten sind zwar nicht mehr so bitter wie ihre Vorgänger, wer aber sichergehen möchte, der sollte die Schnittstellen und den kegelförmigen Innenkern herausschneiden und den Kopf kurze Zeit in lauwarmes Zitronenwasser legen.

Roh als Salatbestandteil paßt Chicorée zur milden Endivie besonders gut, eventuell mit Orangendressing verfeinert. Aber auch mit verschiedenen Obstsorten harmoniert sein Geschmack. Als Gemüse läßt sich der Chicorée ebenfalls ohne viel Arbeit verwenden. Im Ganzen, halbiert oder einfach die einzelnen Blätter abgelöst, können Sie ihn kochen, dünsten oder überbacken.

Es ist erstaunlich, daß der Chicorée unsere Küche noch nicht im Sturm erobert hat. Vielleicht liegt das an den bitteren Vorgängern. Verwenden Sie bei der Zubereitung keine eisernen Töpfe, da Chicorée sich sonst dunkel verfärbt.

5. Das sehr kalorienarme Gemüse enthält reichlich die Vitamine A, B und C. Sein Gehalt an Calcium, Eisen, Kalium und Phosphor lassen ihn zudem zu einem wichtigen Mineralstoffträger werden. Außerdem wirkt er stark säurebindend.

Chinakohl

1. Wie der Name schon sagt, dieses Gemüse kommt aus China. Dort ist es seit 2000 Jahren bekannt als »der Zahn des weißen Drachen«. Dieses ganzjährig angebotene Gemüse kommt vor allem aus heimischem Anbau, aber auch Holland, Israel, Italien, Österreich und Spanien beliefern unsere Märkte.

2. Die etwa 1 kg schweren Köpfe stammen heutzutage von Abkömmlingen japanischer Zuchterfolge. Meistens findet man ovale, aber auch runde Formen mit breiten, gelbgrünen Blättern.
Eine ältere, seltenere Sorte ist langköpfig und hat schmale, grüne Blätter. Chinakohl erinnert im Geschmack eher an Salat und hat mit dem kräftigen Aroma anderer Kohlsorten wenig gemeinsam.

3. Beim Einkauf achten Sie auf geschlossene und feste Köpfe. Welke Blattspitzen deuten auf eine zu lange Lagerhaltung hin.
Haben sich die Schnittstellen schwarz verfärbt, so wurde er unsachgemäß behandelt, und Sie sollten diesen Kohl nicht mehr verwenden.
In einer Folie hält sich das Gemüse im Kühlschrank vier bis fünf Tage.
Grob zerkleinert und blanchiert hält es sich tiefgefroren etwa vier Monate.

4. Der nicht eßbare Anteil ist sehr gering. Man zupft die losen Außenblätter ab und schneidet den Strunk aus. Der Chinakohl ist vielseitig verwendbar. Für einen Salat schneidet man ihn in dünne Streifen. Besonders gut harmoniert er mit Äpfeln.
Auch gedünstet oder geschmort kann er gerade als Beilage zu asiatischen Gerichten durchaus überzeugen.
Natürlich können Sie ihn auch länger dünsten oder Sie verwenden die ganzen Blätter als Hülle für Kohlrouladen.
Fein schmeckt er auch überbacken, und sein Aroma macht ihn auch zu einem angenehm unaufdringlichen Begleiter von Fischgerichten.

5. Der kalorienarme, aber ballaststoffreiche Kohl enthält beachtliche Mengen an den Vitaminen A, B und C. Calcium, Kalium, Eisen und Phosphor machen dieses leichtverdauliche Gemüse wertvoll.

Eichblattsalat

1. Diese Züchtung stammt aus Frankreich. Inzwischen wird er in fast allen Ländern Europas angebaut.
Der heimische Anbau wird intensiviert, Importe kommen vor allem aus Frankreich, Italien, Holland, Belgien und Spanien.
Erhältlich ist der Eichblattsalat beinahe das ganze Jahr über. Nur in den Wintermonaten wird er kaum angeboten.

2. Seine Blätter, daher auch der Name, ähneln denen der Eiche. Im Sommer neigt er, bei kleinerer Blattform, zu einer Kopfbildung.

Chinakohl

Eichblattsalat

Die hell- bis dunkelgrünen Blätter verfärben sich am Rand rotbraun. Es gibt übrigens auch rotblättrige Sorten.
Sein zarter frischer Geschmack mit leichtem Nußaroma ist frei von Bitterstoffen.

3. Eichblattsalat ist empfindlich und vielleicht deswegen teurer als andere Salate.
Angefaulte Blätter werden meist vom Händler entfernt, so daß Sie auf die Schnittstellen achten sollten. Wenn diese bereits angedunkelt und welk aussehen, so kaufen Sie Ihren Salat am besten woanders.

4. Das Strunkende wird entfernt, ebenso die äußeren Blätter. Danach waschen und je nach gewünschter Blattgröße zerteilen. Eichblattsalat paßt mit seinem feinen Geschmack zu nicht übermäßig gewürzten Saucen. Etwas Knoblauch unterstreicht sein Aroma, dagegen harmoniert er nicht mit Zwiebeln.

5. Inhaltsstoffe sind mit denen des Batavia vergleichbar.

Eissalat

1. Eissalat wurde erstmals in Kalifornien angebaut. Mittlerweile ist er so beliebt, daß ihn vor allem die westeuropäischen Länder nicht mehr missen möchten.
Im Sommer und Herbst erhalten Sie Eissalat vorwiegend aus deutschen Landen, in der restlichen Jahreszeit vor allem aus Frankreich, Italien und Spanien.

2. Durch sein wasserreiches Gewebe schmeckt dieser Salat frischer als die meisten anderen. Dazu schmeckt er pikanter als der Kopfsalat, und auch seine Blätter sind knackiger.
Sein Gewicht erreicht bisweilen über 800 g. Die dicht geschlossenen Köpfe erreichen einen Durchmesser von etwa 20 cm. Die Blätter sind festfleischig, hart und glänzend.
Die Blattfarbe ist je nach Lichtstärke im Anbauland verschieden. Je mehr Licht der Salat bekommt, desto hellgrüner werden die Blätter, sie sind also kein Zeichen minderer Qualität.
Aus Holland kommt auch der sogenannte Crisp-Krautsalat zu uns, der meist etwas kleiner ist und gekräuselte hellgrüne Außenblätter aufweist. Er schmeckt aber nicht nennenswert anders als der Eissalat.

3. Die Köpfe sollten frisch, fest und geschlossen sein, außer beim Crisp-Salat.
An der Schnittfläche kann man am besten die Frische erkennen. Dunkle bis schwarze Stellen sind ein Zeichen überlanger Lagerung. Natürlich sollten auch die Blätter nicht welk sein, aber wie erwähnt, werden welke Teile nicht selten vom Händler entfernt.
Eissalat hat den Vorteil, auch im Haushalt gut lagerfähig zu sein. Im Kühlschrank hält er sich über zwei Wochen; auch Salathälften können im Folienbeutel noch eine knappe Woche gelagert werden.

Eissalat

4. Die äußeren Blätter und der Strunk werden entfernt. Nach dem Waschen können Sie den Eissalat nach Belieben zerkleinern. Er paßt zu fast allen Obst- und Salatsorten, auch zu Geflügelsalaten.

Sein Geschmack läßt ihn auch mit allen erdenkbaren Salatsaucen harmonieren. Dazu bleibt er auch in Saucen lange knackig.

Zerkleinert bzw. geviertelt und gedünstet, paßt Eissalat auch gut zu Eintöpfen oder als warme Beilage.

5. Die Inhaltsstoffe sind denen des Kopfsalates ähnlich.

Endivie
(Glatte Endivie und Frisée)

1. Das Mittelmeergebiet ist, wie so oft, die Heimat unserer Endivie. Inzwischen erreicht sie in manchen europäischen Ländern dieselbe Bedeutung wie der weitverbreitete Kopfsalat.

Außer verstärktem heimischem Angebot kommt die Chicorée-Verwandte aus Frankreich, Holland, Italien und Spanien auf unsere Märkte.

2. Der angenehm leichtwürzige Bittergeschmack stammt hauptsächlich aus den unteren Blatteilen.

Die Glatte Endivie weist breite, ungeteilte Blätter auf.

Die äußeren Blätter sind leicht gezähnt. Das gelbe Herzstück wird größtenteils bedeckt.

Frisée-Salat hat geschlitzte Blätter mit hellgrüner bis gelber Farbe. Im Inneren werden die Blätter heller und zarter. Diese Salatsorten erreichen ein Gewicht zwischen 350 und 800 g.

3. Einzelne braune Blattspitzen können Sie in Kauf nehmen, solange nur die äußeren Blätter betroffen sind. Ansonsten achten Sie auf die Frische der einzelnen Blätter.

Das gelbe Herzteil sollte mindestens ein Drittel des Kopfes einnehmen. Sie müssen übrigens mit 20 % Abfall rechnen.

Mit einem feuchten Tuch umwickelt, hält sich Endivie zwei Tage im Kühlschrank.

4. Am leichtesten zu verarbeiten ist dieser Salat, wenn man den ganzen Kopf zuerst der Länge nach halbiert und den Strunk herausschneidet. Anschließend putzen, in die einzelnen Blätter zerlegen, waschen und zerkleinern. Da der Endiviensalat Bitterstoffe enthält, hat es sich eingebürgert, den Salat erst in Streifen zu schneiden und diese dann für einige Minuten in lauwarmes Wasser zu legen. Leider werden mit den Bitterstoffen auch viele Nährstoffe ausgeschwemmt; man sollte also abwägen, was einem in diesem Fall wichtiger ist, der Geschmack oder der gesundheitliche Wert.

Als Dressing empfehlen wir leicht gezuckerte Saucen, die so den Geschmack der Endivie angenehm unterstreichen.

Glatte Endivie

Allgemein paßt dieser Salat zu Obst, Fisch- und Geflügelsalaten und zu anderen Salatsorten.

Nur mit Chicorée oder Radicchio sollten Sie ihn nicht kombinieren, da sonst die Bitterstoffe zu stark dominieren.

5. Die Inhaltsstoffe sind mit denen des Batavia vergleichbar. Allerdings hat Endivie einen höheren Anteil an denselben Mineralstoffen und Vitaminen. Dem Inulin, Geschmacksträger der Bitterstoffe, wird harntreibende Wirkung zugeschrieben.

Er soll auch den Appetit anregen, was ihn nicht gerade bei Diättagen empfehlenswert macht. Allerdings wäre es vermessen zu behaupten, daß, wer viel Endiviensalat ißt, übergewichtig wird.

Erbse

1. Vor über 10 000 Jahren wurden bereits Erbsen kultiviert und verzehrt. Man aß getrocknete Erbsen in China, Thailand, in Griechenland, Italien und Mitteleuropa.

Die jungen Erbsen, wie wir sie kennen, wurden erst erheblich später entdeckt. In Italien ließ der Doge am Markustag jeweils als Vorspeise Risotto mit frischen Erbsen servieren. In England gestattete ein Parlamentsbeschluß junge Erbsen nur für Adelige. Der Sonnenkönig schließlich ließ einen Teil des Louvre-Geländes in Paris in einen Erbsengarten umgestalten. So eifersüchtig wachte man damals über die jungen frischen Erbsen. Heute gibt es Erbsen für alle, wenn

auch nicht jeder mit ihnen richtig umgehen kann.

Junge Erbsen kommen vorwiegend aus heimischer Produktion, die Zuckererbsen oder Zuckerschoten kommen überwiegend aus Italien, Frankreich und Holland. Die Saison haben wir unter dem Abschnitt 3 notiert.

2. Die wichtigsten Erbsensorten sind:

Markerbsen
Sie sind süß und zart, das Samenkorn, das wir Erbse nennen, enthält relativ viel Zucker. Ihre Schale ist leicht flachgedrückt, die Körner sehen leicht schrumpelig aus, sind aber im Geschmack der Schalerbse überlegen.

Schal- oder Palerbsen
Diese Sorte gibt es auch mit blauen Hülsen. Sie enthalten mehr Stärke und schmecken daher eher mehlig. Sie haben eine glatte runde Schote. Bei dieser Sorte handelt es sich vorwiegend um Importware.

Zuckererbsen oder Zuckerschoten
Diese enthalten den höchsten Zuckergehalt. Sie werden mit der Hülse gegessen.

3. Die Schoten dürfen keine gelbliche Färbung und keine Flecken aufweisen. Glatt und zartgrün sollten sie aussehen.

Kaufen Sie Erbsen so frisch wie möglich. Fragen Sie beim Kauf, ob Sie eine Hülse öffnen können, und probieren Sie den Inhalt. Wenn dieser mehlig oder leicht bitter schmeckt,

Von links: Zuckerschoten, grüne Schalerbse, blaue Schalerbse

ändern Sie Ihren Speiseplan oder kaufen Sie die Schoten anderswo. Diese Erbsen wurden zu lange gelagert.

Wichtig für Ihr Rezept: 500 g Schoten ergeben 150 g Erbsen, außer bei Zuckerschoten.

Frische Erbsen sind keine Lagerware. Möglichst nicht länger als einen Tag kühl aufbewahren, da die Erbsen Zucker in Stärke umwandeln und mit jedem Tag Lagerung an Geschmack einbüßen. Daher die Schoten möglichst rasch auspalen. Aber auch dann sollten sie nicht länger als zwei Tage im Kühlschrank verbringen.

Dasselbe gilt auch für die feinen Zuckerschoten.

Die Saison ist bedauerlicherweise nur kurz. Von Juni bis August erhalten Sie deutsche Erbsen. Von Januar bis Oktober kommen ausländische Sorten auf den Markt. Diese aber unbedingt probieren. Zuckerschoten schließlich werden ab Jahresende bis zum Spätsommer angeboten.

4. Mark- oder Palerbsen lassen sich leicht durch Druck auf die Naht an den Hülsen pellen.

Bei Zuckerschoten müssen Sie lediglich die Fäden entfernen und kurz waschen. Diese tropfnaß mit etwas Zucker und Butter in einem geschlossenen Topf vier Minuten garen. Das feine Gemüse paßt besonders zu Spargel, feinen Fischen, Meeresfrüchten oder zu Filets.

Die Erbsenkörner in wenig Salzwasser mit Butter und etwas Zucker im geschlossenen Topf 8–15 Minuten dünsten. Die Garzeit richtet sich nach Sorten und Größen. Einfach zwischendurch probieren. Diese Erbsen passen gut zu Kohlrabi, Karotten und Spargel, auch als Erbsenpüree werden sie häufig serviert. Sie verfeinern Sahnesaucen oder als einfache Bei-

lage Kartoffeln und viele Fleischgerichte. Mehlige Erbsen sollten Sie eher mit gut gewürzten Gerichten verbinden, als Suppen- oder Tomatensaucenbestandteil. Alle nicht mehligen Erbsensorten können Sie natürlich auch mit Salaten kombinieren, Erbsen aber niemals roh essen. Eine Probe beim Einkauf ist aber nicht schädlich. Erbsenkörner lassen sich blanchiert gut einfrieren, Zuckerschoten können Sie auch roh tiefkühlen.

5. Erbsen zählen zu den nährstoffreichsten Gemüsen. Außer hochwertigem Eiweiß enthalten sie vor allem Lecithin, Kalium und Phosphor, dazu die Vitamine A, B, C und E.

Feldsalat (Rapunzel)

1. Die ursprüngliche Heimat dieser Salatvariante reicht vom nördlichen Afrika bis in den Kaukasus hinein. Früher wuchs der Feldsalat vor allem auf den Getreidefeldern, zum Ärger der Bauern, bis er endlich als Salat entdeckt wurde. Das war natürlich noch zu den Zeiten, bevor man auf den Feldern Unkrautvernichter einsetzte, die auch vor dem Feldsalat nicht halt machten. Das wäre das Ende unseres Salates gewesen, wenn nicht einige Liebhaber ihn kultiviert hätten. Heute wird er bevorzugt in Westeuropa angebaut.
Unsere Märkte werden überwiegend aus heimischem Anbau beliefert. Im Prinzip kann der Feldsalat das ganze Jahr angeboten werden, soweit Nachfrage besteht. In den Wintermonaten erhalten Sie vor allem Freilandware.

2. Freilandsalat hat kräftigere Blätter als sein Treibhausverwandter. Dafür ist sein Nußaroma intensiver.
Man unterscheidet vor allem kleinblättrige und großblättrige Sorten. Die Blätter sind hell- bis dunkelgrün, in Südeuropa werden aber auch gelbgrüne Sorten angebaut.

3. Ob Sie Freilandsorten mit kräftigerem Aroma vorziehen oder lieber die zarteren Blätter essen, das müssen Sie selbst entscheiden. Wichtig ist lediglich der Zustand der Blätter. Sind diese welk, verzichten Sie besser auf den Kauf.
Angefeuchtet und geputzt, hält sich der Salat, in Frischhaltefolie locker verpackt, etwa drei bis vier Tage.

4. Nach dem Einkauf muß der Feldsalat sofort geputzt werden. Wurzelansatz und notfalls welke Blätter werden entfernt. Danach waschen Sie den Salat gründlich in stehendem Wasser. Aber wirklich gründlich, da er normalerweise viel Sand enthält und das Knirschen beim Essen nicht sehr angenehm ist. Anschließend den Salat gut abtropfen lassen. Wie Sie den Salat zerteilen, bleibt Ihnen überlassen. Er kann im Ganzen serviert werden, üblicher ist aber das mundgerechte Zerteilen in drei bis vier Blätter. Durch seinen Geschmack paßt sich Feldsalat jedem Salatteller an. Mit Obst, Fleisch, Meeresfrüchten, Eiern, mit Vinaigrette, Joghurt- oder Kräutersaucen, der Feldsalat wird stets eine Bereicherung darstellen.
Wer diesen Salat besonders knackig mag, legt ihn vor dem Servieren einige Minuten in Eiswasser.

5. Inhaltsstoffe wie beim Batavia-Salat; Feldsalat enthält aber wesentlich mehr Eisen und Vitamine A und C als dieser. Sein ätherisches Öl, das auch magenberuhigend wirkt, wird auch für venenstärkende Medikamente verwendet.

Fenchel

1. Der wilde Fenchel stammt aus dem kleinasiatischen Raum und wurde schon von den Ägyptern wegen seiner Heilkraft geschätzt. Unter Karl dem Großen waren über 20 Rezepte mit

Freiland-Feldsalat

Fenchelknollen

Fenchel bekannt, die Mediziner zum Kurieren diverser Krankheiten einsetzten. Die Italiener kultivierten den Wunderheiler zum feinen Gemüsefenchel. Vor allem die Vorliebe für italienische Küche ließ dieses Gemüse auch in unserer Küche Karriere machen.

Inzwischen wird auch in Deutschland Fenchel angebaut. Die heimische Ernte wird durch Importe aus Italien, Frankreich, Holland und Spanien ergänzt, so daß der Fenchel das gesamte Jahr über erhältlich ist.

2. Der leicht bittere, nach Anis schmeckende Fenchel ist knollenförmig, flach bis kugelrund und wiegt bis zu 350 g. Die Farbe ist weiß bis grünlichweiß. An der Spitze sieht man das sogenannte Fenchelgrün und die Stengelansätze.

3. Beim Einkauf sollten Sie auf möglichst weiße Knollen achten, mit leuchtend-frischem Blattgrün und knackigen Stielen. Braune Stellen beeinträchtigen den Geschmack nicht, aber Druckstellen müssen unbedingt weggeschnitten werden.

Fenchel ist kein Lagergemüse. Mit einer Frischhaltefolie nicht luftdicht verpackt, hält er sich im Kühlschrank zwar bis zu einer Woche, aber die Knolle wird durch Lagerung langsam zäh.

4. Nach dem Waschen schneiden Sie den Wurzelansatz ab, und die Stengel entfernen Sie knapp oberhalb der Knolle. Die äußere Schale wird entfernt, braune Flecken darunter schneiden Sie heraus. Den Fenchel anschließend nochmals waschen.

Dann die Knolle vierteln und der Länge nach aufschneiden, so entfaltet sich sein Aroma am besten.

Sie können Fenchel roh als Salat mit Früchten, Tomaten oder Erbsen essen. Gedünstet oder mild angebraten, schmeckt er auch als Gemüse.

Das Fenchelgrün können Sie stets mitverwenden, und die Außenschale verleiht Suppen einen interessanten würzigen Geschmack. Diese Schale müssen Sie aber vor dem Servieren wieder entfernen.

5. Auch der kultivierte Fenchel ist reich an Inhaltsstoffen. Calcium, Eisen, Kalium und Phosphor, dazu die Vitamine A, B, C und E. Überdies besitzt der Fenchel ein magenfreundliches ätherisches Öl.

Grünkohl

1. Der Grünkohl braucht Frost, damit er gut schmeckt. Daraus ergibt sich auch seine Herkunft. Skandinavien, Großbritannien, Holland und Deutschland gelten als die klassischen Anbauländer.

Auf unseren Märkten wird fast ausnahmslos Ware aus heimischem Anbau angeboten, und zwar von September bis in den März hinein.

2. Dieses Gemüse ist ein Blattkohl mit großen, länglichen und krausen Blättern. Die Farbpalette offenbart je nach Sorte alle Grüntöne, die man sich vorstellen kann.

Sein Geschmack ist kräftig ausgeprägt, typisch kohlwürzig.

3. Grünkohl sollten Sie vor allem nach Frostwetter kaufen, da sich erst bei Minustemperaturen die Stärke in Zucker umwandeln kann.
Zu lange gelagerte Ware erkennt man an den gelben, welken Blättern. Im Kühlschrank ist der Grünkohl bis zu einer Woche lagerfähig.

4. Gelbe Blätter gehören auf den Kompost. Den Grünkohl waschen Sie einige Male in stets erneuertem Wasser. Die harten Stiele werden herausgeschnitten. Dann gart man das Gemüse in etwas Brühe oder man blanchiert es, hackt es klein und dünstet oder kocht es.
Beliebt ist diese deftige Kohlart vor allem für Kohl und Pinkel, geräucherte,

gut gewürzte Grützwurst. Man kann zu diesem Gemüse aber auch karamelisierte Kartoffeln, Kasseler oder andere kräftige Würste essen. Roh als Salat wird er nur von Liebhabern sehr herben Geschmacks verzehrt.

5. Der Grünkohl hat einen hohen Eiweißanteil und viel Vitamin C. Dazu kommen weitere Vitamine, A und B, sowie Calcium, Eisen, Kalium und Phosphor. Als Wintergemüse ist er sehr wertvoll.

Gurke

1. Vor ungefähr 4000 Jahren trat die Gurke von den südlichen Hängen des Himalaja aus ihren Siegeszug um die

Welt an. Das nahm lange Zeit in Anspruch, denn die wärmegewohnte Gurke mußte sich erst den kühleren nordeuropäischen Gefilden anpassen, was ihr schließlich vor etwa 1000 Jahren gelang. In Deutschland wachsen aber immer noch zu wenige Gurken, was wir durch Importe überwiegend aus Holland, Griechenland und Spanien ausgleichen. Salatgurken sind das ganze Jahr erhältlich, die Schmorgurken nur im Spätsommer.

2. Bei den Gurken unterscheiden wir folgende Sorten:

Salatgurke
Die wohl bekannteste Gurke ist die langgewachsene Salatgurke, die wir in allen Läden und zu jeder Zeit erhalten können. Sie wächst gemäß den Handelsklassenvorschriften ziemlich gerade und ist im Geschmack sehr mild. Ihre Farbe ist dunkelgrün.

Schmorgurke (Schälgurke)
Die üblicherweise im Freien gezogene Gurke wächst, wie sie will. Diese Sorte hat eine härtere Schale, dafür einen ausgeprägteren Geschmack. Sie wird allerdings meist von kleineren Höfen oder Kleingärtnern angeboten und ist deshalb vorwiegend auf Märkten anzutreffen.
Die Farbpalette reicht von hell- bis dunkelgrün. Die derbe Haut kann auch Warzen aufweisen, was kein Kaufhindernis darstellt.

Gärtnergurke
Diese kleinere Ausgabe der Gurke kann man geschmacksmäßig zwi-

Grünkohl

schen den beiden oben genannten Sorten ansiedeln. Sie erreicht eine Länge von 15–20 cm.

Einlegegurken

Diese Variante wird üblicherweise bereits in der Marinade angeboten und ist für unser Buch deshalb ohne Bedeutung. Man ißt sie aus der Hand oder auf einem Wurstbrot.

Minigurke

Diese etwa 15 cm langen und höchstens 200 g schweren Gurken sind eine neuere Züchtung; sie sehen wie eine Miniatursalatgurke aus und sind vor allem für kleinere Portionen gedacht. Minigurken sind süßlicher und etwas geschmacksintensiver als ihre großen Verwandten. Sie sind daher keineswegs nur eine Gurke für Singlehaushalte.

3. Salatgurken sollten Sie nicht mehr kaufen, wenn diese gelblich verfärbt sind oder auf leichten Druck nachgeben. Diese Gurke sollten Sie nicht länger als vier Tage im Kühlschrank aufbewahren.

Die Schmorgurken müssen fest sein, sonst wurden sie zu einem falschen Zeitpunkt geerntet oder sie wurden zu lange gelagert. Das Äußere spielt bei diesen Gurken keine Rolle.

Im Kühlschrank nicht länger als vier Tage aufbewahren.

Gärtner- und Minigurken sollten möglichst gleichmäßig gefärbt sein und auf Druck keine weichen Stellen haben. Auch hier gilt, nicht länger als vier Tage kühl aufbewahren.

Für die Lagerung aller Gurken ist wichtig, daß sie nicht neben Obst oder Tomaten lagern, sonst werden sie zu schnell überreif.

4. Salatgurken werden geschält oder ungeschält, wie schon der Name verdeutlicht, für Salate verwendet.

Bei Schmorgurken müssen Sie zuerst den Bittertest machen. Am Stielansatz schneiden Sie dazu ein Stückchen ab und probieren es. Ist es bitter, müssen Sie aber nicht die ganze Gurke wegwerfen, es genügt meistens, wenn Sie noch ein Stück abschneiden.

Schmorgurken werden geschält und am besten zu Suppen oder Gemüseeintöpfen verarbeitet. Beliebt sind auch gefüllte Schmorgurken. Hier eignen sich Hackfleischfüllungen oder intensive Gemüse- und Getreidesorten. Am besten sind Tomaten- oder Grünkernfüllungen.

Gärtner- und Minigurken sind als Salate oder als feines Gemüse empfehlenswert.

Für alle Gurken gilt: Die Kerne möglichst entfernen, da sie Wasser binden und das Gurkenaroma oder das Gurkengericht verwässern. Salz möglichst erst kurz vor dem Servieren dazugeben, die Gurken verlieren sonst an Festigkeit und Geschmack.

5. Gurken gelten nicht zu Unrecht als gesundes Gemüse. Ihr hoher Anteil vor allem an Kalium, aber auch Calcium, Eisen, Magnesium und Phosphor sowie den Vitaminen A, B_1 und C machen sie zu einem wichtigen basenreichen, damit säureausgleichenden Genuß. Auch ihr diätetischer Wert ist unumstritten. Daß auch die Kosmetikindustrie Gefallen an ihr findet, sei nur am Rande erwähnt und soll lediglich den Wert der Gurke unterstreichen.

Salatgurke

Hopfensprossen

1. Der Hopfen ist in Asien, Europa und Nordamerika verbreitet. Im Mittelalter, als man den Hopfen noch nicht für das Bier entdeckt hatte, galten die Sprossen als Heilmittel und wurden auch als Gemüse verzehrt.
Diese teure Spezialität kommt aus heimischem Anbau auf den Tisch, vor allem zwischen den Monaten Dezember und März bis April.

2. Die Sprossen sind üblicherweise etwa 4 mm dick und maximal 8 cm lang. Die Farbe ist weiß bis zartgelb. Ihr aromatischer Geschmack wird vor allem von regionalen Küchen sehr geschätzt.

Hopfensprossen

3. Beim Kauf sollten Sie darauf achten, daß die Köpfe geschlossen sind. Hopfensprossen mit einem Grünton sind bitter und nicht mehr eßbar.
Im Gemüsefach des Kühlschranks können die Sprossen einige Tage gelagert werden.

4. Da Hopfensprossen erst seit kurzer Zeit, wegen des Überangebotes von Brauereihopfen, auf dem Markt sind, ist die Zahl der Rezepte noch ziemlich gering.
Üblicherweise werden die Sprossen gewaschen, an den Schnittstellen etwas abgeschnitten und dann in Salzwasser gekocht. Sie werden, roh oder gekocht, als Salat bevorzugt süß-sauer oder mit hellen Saucen serviert.

5. Über die Inhaltsstoffe ist noch nicht allzuviel bekannt, aber man arbeitet an deren Ergebnis.
Überdies sind die Sprossen so teuer, daß sie sicherlich nicht wegen ihrer Inhaltsstoffe gegessen werden.

Karotte
(Möhre, Gelbe Rübe)

1. Vor über 1000 Jahren kannte man bereits die auberginefarbenen Vorgänger der heutigen Möhren.
Ob in Europa oder Asien, die Karotten-Vorläufer waren schon im Altertum sehr begehrt. Tiberius, der römische Kaiser, bevorzugte zum Beispiel Möhren aus Germanien. Der Gourmet Apicius wiederum liebte sie in Kümmelsauce, nur Plinius fand sie etwas streng im Geschmack.
Was die Jahrhunderte später gezüchtete Möhre nicht von ihrem weltweiten Siegeszug abhielt.
Heute kennt man Möhren in allen Ländern der Erde. Unsere Märkte decken knapp die Hälfte des Verbrauchs mit Importen aus den Mittelmeerländern, den Beneluxstaaten und Dänemark ab. Diese Importe garantieren eine ganzjährige Versorgung.

2. Der fein süßliche, aromatische Geschmack ist bei den zuckerreichen Frühsorten besonders ausgeprägt. Weshalb man den Maimöhren aus heimischem Anbau den Vorzug gegenüber den anderen Möhren gibt, die etwas kräftiger im Geschmack sind.
Für alle Sorten gilt jedenfalls die Gleichung: Je rötlicher die Möhre, desto höher der Carotinanteil.
Die kürzeren, runden und abgestumpften Sorten nennt man übrigens Karotten. Das sind aber vor allem markttechnische Bedeutungen, die hier keine Rolle spielen.
Grob sortiert, kann man die Möhren in zwei Gruppen einteilen:
1. *Bundmöhren* (mit Grün);
2. *Waschmöhren* (kommen ohne Grün, aber gewaschen auf den Markt).

3. Beim Kauf von Bundmöhren achten Sie auf das grüne Blattwerk. Es muß noch frisch aussehen.
Bei den Möhren selbst betrachten Sie vor allem die Köpfe. Eine Grünfärbung bedeutet mehr Abfall. Entdecken

Bundmöhren

Allerlei ohne Karotten? Zum Schluß noch unser Tip: Eine Prise Zucker oder Fruchtsäure hebt den Geschmack roher oder gekochter Möhren.
Eines sollten Sie aber immer beachten: Etwas Öl, Butter oder andere Fette sollten stets die Möhren begleiten, denn Ihr Körper kann das wichtige Carotin nur zusammen mit Fett optimal verwerten.

5. Die Möhre ist das Gemüse mit dem höchsten Gehalt an Carotin, dem sogenannten Provitamin A. Weitere Inhaltsstoffe der beliebten Gemüsesorte: Calcium, Eisen, Kalium und die Vitamine B und C.

Kartoffel

1. In den Andenländern Südamerikas erkannte man bereits vor über 2000 Jahren den gesundheitlichen und geschmacklichen Wert der Kartoffel. Im 16. Jahrhundert gelangten diese nach Europa, wo man sie zuerst als Zierpflanze betrachtete.
Aber kaum in den Kochtöpfen, eroberte sie die Küchen Europas. In Deutschland hatte sie es noch am schwersten, ehe Friedrich der Große eine breitangelegte Aussaat durchsetzte. Man erzählte sich, daß er auf einem Feld bei Berlin die Knollen von Soldaten bewachen ließ. Diese kostbaren Schätze, so folgerten die Bauern, brauchen wir auch, und so entwendeten sie mit aller Vorsicht diese seltsamen Früchte und pflanzten

Sie Löcher in der Schale, weist das auf den Befall von Möhrenfliegen hin, was allerdings nur selten vorkommt. Plastikverpackungen sind für Möhren nicht gerade ideal, daher sollten Sie möglichst lose Ware kaufen.
Wenn Sie Bundmöhren aufbewahren möchten, sollten Sie das Kraut abschneiden. Es entzieht der Möhre sonst zuviel Feuchtigkeit. Möhren können Sie im allgemeinen bis zu acht Tagen im Kühlschrank lagern. Plastikverpackungen, soweit vorhanden, unbedingt sofort entfernen.

4. Bundmöhren werden nur gut abgebürstet oder mit dem Messer abgeschabt. Die anderen Möhren schälen Sie am besten mit einem Sparschäler. Grüne Köpfe muß man abschneiden, da sie bitter schmecken. Das Kraut

der Bundmöhren können Sie mitverwenden, solange es noch frisch ist. Gewaschen paßt es als Salat-, Gemüse- oder Suppenbestandteil.
Für Salate und Rohkost eignen sich vor allem Bundmöhren. Geraspelt oder in feine Scheiben geschnitten, sind sie vor allem mit leicht säuerlichen Äpfeln und Nüssen eine Delikatesse, eventuell noch mit geraspelten Zucchini vermischt. Auch mit Sellerie und etlichen anderen Gemüsesorten schmecken Möhren hervorragend. Für gedünstete Möhren empfehlen wir wenig Wasser zu verwenden, mit Salz, etwas Zucker, später noch mit Pfeffer und gehackter Petersilie angereichert. Auch etwas Orangensaft hebt das Aroma der gekochten Möhren hervor und verleiht ihnen eine angenehme Säure.
Was wäre nicht zuletzt das Leipziger

sie auf ihren Äckern an. Für die »Bewachung« der Kartoffeln wurden die Soldaten übrigens belohnt. Zu Recht, denn es erforderte große Kunst, so zu tun, als ob man die neugierigen »Diebe« nicht bemerken würde.
Allerdings waren das nicht die ersten Kartoffeln in Deutschland. Ein Rezept für Bratkartoffeln gab es bereits am Ende des 16. Jahrhunderts, und die Pfalz galt schon im 17. Jahrhundert als Kartoffelhochburg, bald gefolgt von Hessen.
Durch Lagerhaltung und natürlich auch Importe sind Kartoffeln stets auf dem Markt. Nur das Gegenteil würde verwundern.

2. Alle Sorten auf unseren Märkten aufzuzählen, würde Sie weder interessieren noch kulinarisch weiterbringen. Zur Zeit sind in Deutschland etwa 140 Sorten aufgeführt. Weltweit gibt es das Mehrfache davon.
Wichtig erscheinen uns aber die Unterschiede der einzelnen Bezeichnungen:
Festkochend: Das Innere bleibt auch nach dem Kochen relativ fest. Sie eignen sich besonders zum Zerteilen in dünne Scheiben. Die beliebtesten Sorten dieser Kartoffeln sind: ›Sieglinde‹, ›Hansa‹ und ›Linda‹.
Vorwiegend festkochend: Diese mittelfeste Art wird für ganze Kartoffeln als Beilage empfohlen. Die besten Sorten: ›Grata‹, ›Ukama‹.
Mehligkochend: Diese Sorten mit einem höheren Stärkegehalt finden bevorzugt Verwendung als Klöße, Knödel, Puffer, Pürees und Folienkartoffeln. Die interessanteste Sorte: ›Datura‹.

Frühkartoffeln sind nicht etwa unreif. Sie haben eine dünne Schale und weniger Stärke. Im Biß sind sie kräftiger als die Spätsorten, deren Geschmack durch mehr Stärke aber intensiver ist. Als eine sehr alte und unterdessen weitgehend vergessene Sorte gibt es auch die sogenannte ›Schwarze‹ oder ›Blaue‹ Kartoffel. Ihr sehr dunkles Fruchtfleisch verfärbt sich unter Säureeinwirkung blau. Sie ist sehr aromatisch, durch ihr seltenes Vorkommen aber auch ziemlich teuer.

3. Auch hier sind Handelsklassen kein Geschmacksmerkmal; sie geben lediglich über die Größe Auskunft. Kaufen Sie möglichst keine Ware in Plastikbeuteln, die bekommen nämlich den Kartoffeln überhaupt nicht und werden nur aus Bequemlichkeits- und Ersparnisgründen verwendet.

Sollten Sie jedoch keine anderen Kartoffeln erhalten, packen Sie diese zu Hause schnell aus.
Kartoffeln sollen fest sein und keine Verfärbungen aufweisen. Kartoffeln mit grünen Flecken möglichst vermeiden, denn diese Verfärbungen enthalten das giftige Solanin. Grüne Flecken deshalb stets großzügig ausschneiden. Gewaschene Kartoffeln lassen sich nicht lange aufbewahren, deshalb mit Erde bedeckte Sorten vorziehen.
Frühkartoffeln sind leider keine Lagerkartoffeln. Dunkel gelagert, aber nicht im Kühlschrank, halten sie sich maximal zwei Wochen. Spätkartoffeln hingegen lassen sich – ebenfalls dunkel und nicht im Kühlschrank – wochenlang lagern. Trotzdem sollten Sie, wenn Sie über keinen typischen Kartoffelkeller verfügen, die Ware stets rasch aufbrauchen.

Festkochende Frühkartoffelsorte ›Sieglinde‹

81

Falls Sie für Ihren Kartoffelkeller größere Mengen einkaufen möchten, so testen Sie zuerst die Qualität der Knollen. Dazu halbieren Sie eine Kartoffel und reiben sie aneinander. Bei guten Qualitäten kleben die Hälften aneinander, und es kommt gelegentlich am Rand zu einer Schaumbildung.

Wenn Sie die Hälften drücken, darf kein Wasser austreten, sonst können Sie diese Knollen für eine Lagerung vergessen.

4. Kartoffeln zuerst stets waschen. Triebe und eventuelle grüne Flecken wegschneiden. Schälen oder nicht ist für viele eine Glaubensfrage. Gerade die Frühsorten sollte man aber ungeschält kochen. Beim Kochen geschälter Knollen gelangen zu viele Mineralstoffe und Vitamine in das Wasser, das Sie deshalb nicht wegschütten, sondern als Basis für Suppen weiterverwenden sollten.

Auch ist Garen in wenig Wasser oder im Schnellkochtopf vorzuziehen.

Kartoffeln sind äußerst vielseitig verwendbar. Roh in Scheiben gebraten; geraspelt als Rösti; geschnitten als Pommes frites; gerieben als Kartoffelpuffer; gekocht und püriert; als Salat-, Pell- oder Salzkartoffeln, in Gratins oder in Suppen, Kartoffeln sind unglaublich variationsfähig.

Und nun einige Tips:

Bratkartoffeln, sehr beliebt und oft mißraten, gelingen so am besten: Möglichst am Vortag eine festkochende Sorte in der Schale garen. Am nächsten Tag pellen, in nicht zu dünne Scheiben schneiden. Bei mittlerer Hitze in Fett anbraten, Zwiebeln darauf

verteilen und alles gelegentlich, aber nicht zu oft, wenden. Am günstigsten sind kleinere Kartoffeln, die Sie nur halbieren oder vierteln müssen.

Sollten Sie kurzfristig von Bratkartoffel-Sehnsüchten überfallen werden, so lassen Sie die gekochten und geschälten Kartoffeln am besten in einem Sieb abdampfen, wobei Sie ein Handtuch darüber legen sollten. Anschließend das Fett, Butterfett, Fett von durchwachsenem Speck oder geschmacksneutrales Öl, höher erhitzen und nach einer Minute Bratzeit auf mittlere Hitze stellen. Dabei nicht zu viel Fett verwenden, lieber nach und nach dazugeben. Auch nicht die Pfanne bis zum Rand mit Kartoffeln füllen, lieber portionsweise anbraten und warmstellen. Für Kartoffelpüree und Puffer verwenden Sie mehlig kochende Sorten, die Sie auch für Klöße, Knödel und Suppen bevorzugen sollten. Große mehlige Kartoffeln schmecken in Alufolie gegart besonders gut. Diese Folienkartoffeln werden, mit Sahnequark zum Beispiel, vor allem zu Steaks gereicht, aber auch so gegessen.

Vorwiegend festkochende Sorten eignen sich besonders gut zu Pell- und Salzkartoffeln. Für Pommes frites festkochende, wer sie etwas weicher mag, vorwiegend festkochende Kartoffeln verwenden.

5. Kartoffeln sind glücklicherweise auch sehr gesund. Neben Calcium, Eisen, Kalium, Magnesium und Phosphor enthalten sie auch die Vitamine A, B und K sowie Pantothensäure. Auch das Eiweiß ist biologisch hochwertig.

Kohlrabi

1. Die Herkunft des Kohlrabi liegt weitgehend im dunkeln. Man ist jedoch allgemein der Ansicht, daß er aus Süd- und Mitteleuropa kommt.

Heute wird dieses Gemüse weltweit angebaut, der Schwerpunkt liegt aber nach wie vor in Europa und hier vor allem in Deutschland. Der Kohlrabi gilt als typisch deutsches Gemüse; pro Jahr werden bei uns über 50 000 Tonnen verspeist.

Durch Importe aus den EG-Ländern ist er das ganze Jahr erhältlich.

2. Das Wachstum beim Kohlrabi wurde von den Züchtern in den Stengel verlegt, was man auch an seiner Neigung zum Verholzen erkennen kann. Er unterscheidet sich darin also vom Grünkohl, dessen Blätter vorrangig wachsen, und vom Blumenkohl, dessen Blütenstand wir essen.

Die Form der Knolle ist üblicherweise rund bis plattrund. Vorzugsweise wird sie mit einem Durchmesser von 7 cm angeboten. Es gibt aber auch Sorten, die bis zu 20 cm erreichen können, ohne an Geschmack einzubüßen.

Kohlrabi wird in den Farben hellgrün und violett angeboten, letzteres sind größtenteils Freilandsorten.

Den Geschmack kann man am besten als nußartig mit einem Hauch Süße beschreiben. Freilandware weist dabei ein kräftigeres Aroma auf. Die Frühlingskohlrabi sind zarter.

3. Wenn Sie Kohlrabi auf dem Markt kaufen, lassen Sie den Verkäufer mit

Weißer Kohlrabi

einem spitzen Messer dreimal am unteren Ende der Knolle einstechen. Schiebt sich das Messer ohne Widerstand in das Fruchtfleisch, ist er nicht holzig.

Ansonsten sollten Sie darauf achten, daß die Knollen nicht wesentlich eingerissen sind und das Blattgrün noch frisch aussieht. Holziger Kohlrabi wurde entweder zu lange trockenem heißem Wetter ausgesetzt, oder er ist Altware. Um ersterem vorzubeugen, würde sich Treibhauskohlrabi empfehlen. Wenn Sie die Möglichkeit der

Messerprüfung nicht erhalten, verzichten Sie auf blattlose Ware.

Kohlrabi hält sich im Kühlschrank eine knappe Woche, wenn Sie vorher die Blätter und Stiele entfernen.

4. Nach dem Waschen der Knollen schneiden Sie vom unteren Ende eine dicke Scheibe ab. Die Blattstiele entfernen Sie direkt an der Knolle. Je jünger der Kohlrabi ist, desto weniger müssen Sie ihn schälen. Holzige Stellen gegebenenfalls großzügig wegschneiden.

Danach können Sie das Gemüse geraspelt oder in Streifen geschnitten als Rohkost mit Nüssen, Karotten oder Äpfeln verzehren, nach Belieben auch mit etwas Öl oder einer Joghurtcreme angereichert.

Kohlrabi können Sie auch gut mit Mett oder Hackfleisch füllen oder geschnitten als Gemüsebeilage reichen. Vor allem die kleinen Blätter sollten Sie mitverzehren, gut gewaschen und gehackt als Salat oder einfach mitgekocht.

Zum Einfrieren – bis zu 6 Monate – kochen Sie Kohlrabi vor oder blanchieren ihn 2 Minuten und zerkleinern ihn.

5. Gerade die Blätter enthalten einen hohen Anteil an den Vitaminen A und C und viel pflanzliches Eiweiß.

Aber auch die Knolle selbst verfügt über reichlich Calcium, Kalium und Phosphor sowie über die Vitamine A, B und C.

Kopfsalat

1. Allgemein schreibt man dem Kopfsalat die Abstammung vom wilden Zaunlattich zu. Dieses Wildgewächs bevorzugt das milde Klima des Mittelmeerraumes und des westlichen Asiens.

Unser Kopfsalat ist heute weltweit verbreitet, im westlichen und mittleren Europa gilt er als der meistgekaufte Salat überhaupt. Durch Importe aus Holland, Belgien, Italien und Frankreich wird unser schier unersättlicher Appetit auf Kopfsalat gedeckt.

Natürlich erhält man ihn das gesamte Jahr über.

2. Die Kopfsalatblätter sind stets großlappig, ungeteilt und meist glatt. Die inneren Blätter sind mangels Licht hellgrün bis gelb. Die helleren Blätter sind zwar zarter, haben aber auch weniger Inhaltsstoffe.

Der milde, nur selten zartbittere Geschmack macht den Kopfsalat wohl so begehrt.

Wundern Sie sich nicht, wenn Sie neben dem altbekannten grünen Kopfsalat auch einmal roten Kopfsalat erhalten. Diese alte Sorte hat man wiederentdeckt, und gemäß dem Trend zu mehr Farbe auf den Tellern wird er langsam aber sicher die Märkte erobern. Während Freilandsalat bis zu 500 g schwer wird, erhält man Treibhaussalate bereits ab 100 g.

3. Längere Lagerung erkennen Sie an der braunen bis schwarzen Verfärbung der Schnittstelle und natürlich

Kopfsalat

Calcium, Eisen, Kalium, Magnesium und Phosphor, sondern auch einen nennenswerten Anteil an den Vitaminen A, B und C. Wobei der Vitamin-C-Gehalt bei den äußeren Blättern am höchsten ist. Die Herzblätter haben nur noch etwa 10 % des Vitamin-C-Gehaltes der Außenblätter. Verschiedene Säuren, allen voran die Apfel- und Zitronensäure, verleihen dem Kopfsalat den erfrischenden Geschmack.

Auch die vorhandenen Spurenelemente machen unseren beliebtesten Salat zu einem wertvollen Bestandteil unserer Ernährung.

auch an den welken oder braunen Blattspitzen.

Weisen nicht nur die Außenblätter leichte braune Flecken auf, so lassen Sie den Salat liegen.

In feuchtem, unbedrucktem Papier hält sich der Kopfsalat im Kühlschrank einige Tage.

4. Strunk und Außenblätter werden entfernt. Danach waschen Sie die einzelnen Blätter unter fließendem Wasser, aber vermeiden Sie zu starken Strahl. Die Blätter gut abtropfen lassen und in die gewünschte Größe zerteilen. Durch seinen überwiegend neutralen Geschmack läßt sich der Kopfsalat mit Dressings jeder Art anreichern. Auch zu allen anderen Salatsorten, Gurken und Tomaten können Sie ihn verwenden.

Sogar als Dekoration erfreuen sich die Kopfsalatblätter großer Beliebtheit, wenn sie auch nicht selten lieblos angerichtet auf einem Teller im gastronomischen Betrieb enden.

Als Belag ist der Salat auch in Baguettes vorzufinden. Er verhindert hier oft das Durchweichen des Weißbrotes und sieht zudem attraktiv aus. Auch auf Sandwiches werden Sie ihn oft sehen, da ergänzt er den Schinken- oder Käsegeschmack und läßt das Brot nicht so trocken schmecken. Selbst gedünstet hat der Kopfsalat Einzug in unsere Küche gehalten. Größere Blätter eignen sich zum Umhüllen von gekochtem Schinken. Seltener wird er in Eintöpfen zubereitet.

5. Der Kopfsalat hat nicht nur einen hohen Anteil an den Mineralstoffen

Kürbis

1. Botanisch gilt der Kürbis als Beerenfrucht, ähnlich der Stachelbeere. In Brasilien und Mexiko entstanden die Riesenkürbisse, die zum Teil ein Gewicht von über einem Zentner aufweisen.

Heute wird der Kürbis auch in Europa, Asien und dem Nahen Osten angebaut. Zwischen September und Februar werden unsere Märkte in bescheidenem Umfang aus südlichen Länder beliefert.

2. Die walzenförmigen oder kugelähnlichen Kürbisse haben eine feste, ungenießbare Schale und sind, je nach Sorte, gelb, orange, grün oder grünweiß. Das stark wasserhaltige Fruchtfleisch ist meist orangefarben und schmeckt neutral.

3. Normalerweise kauft man den Kürbis in Scheiben, ähnlich der Wassermelone. Das Innere darf nicht weiß oder faserig aussehen. Kleinere Früchte sind vorzuziehen. Die Reife erkennt man an der schlichten Klopfmethode. Ein reifer Kürbis gibt einen klingenden Ton von sich, wenn Sie mit den Fingern an die Schale klopfen. Früchte mit braunen Flecken lassen Sie liegen.

Kürbisse können Sie mehrere Wochen bei 10 °C lagern. Sie reifen auch nach, brauchen dazu aber eine Temperatur von über 24 °C.

4. Bei einem Kürbis müssen Sie mit 25 % Abfall rechnen. Außer der Schale werden auch die Kerne und das weiche, faserige Innere entfernt.
Danach schneiden Sie das Fruchtfleisch nach Bedarf, schmoren und

pürieren es oder legen es süß-sauer ein.
Durch seinen neutralen Geschmack wird der Kürbis in anderen Ländern gerne mit Gewürzen oder Nüssen verfeinert.
Auch die Kerne sind, nicht nur in der Türkei, eine beliebte Knabberei. Getrocknet oder geröstet schmecken sie so ähnlich wie Mandeln.

5. Das Fruchtfleisch wird bei manchen Erkrankungen als Diät empfohlen. Es enthält vor allem Calcium, Eisen sowie die Vitamine A, B und C.

Kürbis

Lollo Rosso

1. Der Lollo Rosso ist ursprünglich eine italienische Züchtung. Er zählt zu der Gruppe der Pflück- und Schnittsalate.
Vor längerer Zeit kannte man ihn auch in Deutschland, aus unerfindlichen Gründen wurde er aber von den Anbauflächen verbannt. Heute hat man ihn auch bei unseren Landwirten wiederentdeckt, und so sichert dieser Anbau und Importe aus Italien, Frankreich und Holland eine beinahe ganzjährige Belieferung.

2. Man unterscheidet zwei Hauptsorten:
Lollo Rosso, mit überwiegend roten Blättern und *Lollo Bianco*, mit hellgrünen Blättern.
Die Salate haben ein Gewicht von etwa 200 g. Die deutlichsten Merkmale: Krause Blätter, kein geschlossener Kopf.
Der Geschmack läßt sich so beschreiben: zartherb, mit dezentem Nußaroma.

3. Dieser Salat ist haltbarer als andere Sorten. Wenn er mit Wasser besprüht ist, deutet das üblicherweise auf nicht ganz frische Ware hin, auch wenn sie so aussieht.
Im Kühlschrank hält sich der Salat einige Tage.

4. Den Strunk und die äußeren Blätter entfernen. Danach zerteilen, waschen und gut abtropfen lassen. Sein Geschmack verträgt generell jede Sa-

Lollo Rosso

latsauce, aber milde Gewürze passen besser zu ihm.
Die dekorativen Blätter kann man auch gut zum Garnieren verwenden. Vereinzelt ißt man diesen Salat auch als Gemüse. Bei milder Hitze gedünstet, verträgt er nicht zu intensive Saucen.

5. Die Inhaltsstoffe können Sie unter »Batavia« nachlesen.

Mais (Gemüse- oder Zuckermais)

1. Bereits seit über 6000 Jahren wird der Mais in Mexiko angebaut. Heute gilt er, hinter Weizen und Reis, als drittwichtigste Getreidesorte und als eine der wichtigsten Futterpflanzen. Allerdings handelt es sich hier nicht um den Gemüsemais, den es erst seit etwa 150 Jahren gibt.
Dieser Mais, den Sie natürlich auch auf unseren Märkten finden und in manchen Restaurants als Maiskolben mit Butter und Selleriesalz vielleicht schon einmal gegessen haben, schmeckt durch seinen hohen Anteil an Fruchtzucker süßer.
Vereinzelt wird Gemüsemais auch bei uns angebaut. Aber dieses ganzjährige Gemüse wird vor allem aus den USA, Frankreich, Israel, Italien und Spanien importiert.

2. Der Mais ist üblicherweise etwa 20 cm lang und hat 10–18 Längszeilen, auf denen die feinen goldgelben Körner sitzen.

Es gibt aber auch den sogenannten Babymais, der etwa 8 cm lang ist und cremefarbene Körner hat.
Der Mais schmeckt fruchtig und mildsüß.

3. »Kaufen« Sie keinen Mais auf unseren Feldern. Dabei handelt es sich überwiegend um Futtermais, dessen Geschmack mit flach noch wohlmeinend umschrieben ist.
Guten Mais erkennen Sie an weißen bis cremefarbenen Körnern an der Seite und goldgelbglänzenden Körnern auf dem Kolben.
Wenn Mais mit Deckblättern angeboten wird, müssen diese noch relativ frisch aussehen. Vertrocknete Blätter oder gar vertrocknete Narbenfäden zwischen den Deckblättern und den Kolben sind ein Zeichen von zu langer Lagerung.
Frischen Mais sollten Sie nicht länger als zwei Tage im Kühlschrank aufbewahren. Denn selbst bei 0 °C geht die Umwandlung von Zucker in Stärke weiter. Bei höheren Temperaturen beschleunigt sich dieser Vorgang noch. Dann schmeckt der Mais nur noch fade.

4. Die Deckblätter und Fäden werden entfernt, dann schneiden Sie die beiden Enden ab und waschen die Kolben unter fließendem Wasser. Die Maiskörner können Sie roh als Salat mit Champignons oder Paprika essen. Besser schmecken sie als Gemüse, zum Beispiel zusammen mit Tomaten, Karotten oder Erbsen oder mit einem milden Käse überbacken. Interessanter schmeckt frischer Mais als ganzer Kolben, gegrillt, mit Butter bestrichen.

Oder Sie lassen ihn im Wasser etwa 20 Minuten garen. Geben Sie auf keinen Fall Salz dazu, lieber etwas Zucker, sonst werden die Körnerschalen zäh.

Anschließend bestreichen Sie ihn mit Butter und etwas Salz, oder Sie streuen geriebenen Käse darüber und lassen ihn kurz überbacken.

5. Frischer Mais enthält Calcium, Eisen, Kalium und Phosphor, die Vitamine A, B und C. Ebenso weist er einen hohen Anteil an Eiweiß und Fruchtzucker auf. Er gilt, neben Erbsen, als eine der gesündesten Gemüsesorten.

Mangold

Mangold

1. Bereits vor 4000 Jahren wurde der Mangold im Nahen Osten verzehrt. Bis zum 17. Jahrhundert war er wohl auch das beliebteste Gemüse in Westeuropa, bis er vom Spinat verdrängt wurde.

Seit wenigen Jahren gewinnt er bei uns aber wieder an Bedeutung. Italien und Frankreich sichern vor allem eine beinahe ganzjährige Versorgung unserer Märkte. Aber auch in Deutschland wird er wieder verstärkt angebaut.

2. Botanisch ist der Mangold mit der roten Bete verwandt, doch werden nicht die Knollen, sondern die Blätter und Stiele verzehrt. Sein Geschmack

Gemüsemais

ähnelt dem des Spinats, ist jedoch würziger und mit einem feinen Nußton versehen.

Es gibt vor allem drei Sorten, die sich geschmacklich aber kaum unterscheiden:

Roter Mangold mit roten Stielen, die aromatischste Art.

Stielmangold mit bis zu 45 cm langen und 10 cm breiten Stielen und großen Blättern.

Schnittmangold mit kleinen, breiten Blättern.

3. Achten Sie auf möglichst makellose Stiele und feste, knackig-grüne Blätter. Sind diese schon leicht welk, so lassen Sie den Mangold liegen. Er schmeckt dann oft schon leicht strohig.

Im Kühlschrank hält er sich maximal zwei Tage.

4. Die Mangoldsorten unterscheiden sich nicht nur unwesentlich im Geschmack, auch die Zubereitung ist bei allen Sorten nahezu identisch.

Der Wurzelansatz und eventuell braungefärbte Stellen sind zu entfernen, danach den Mangold gründlich waschen.

Die Stiele haben eine längere Garzeit, also werden sie von den Blättern abgetrennt. Die Blätter können Sie zum Beispiel als Rouladenhülle für Fisch und Fleisch verwenden.

Als Gemüse schneiden Sie Stiele und Blätter in Streifen. Dann werden die Stiele angedünstet und mit Wasser aufgegossen, 10 Minuten gegart, ehe man die Blätter dazugibt und

noch 5 Minuten weitergaren läßt. Am besten schmeckt er so mit weißen Saucen. Mangold läßt sich als Beilage zu Fisch und Fleisch, zu Gemüselasagne, Eintöpfen, herzhaften Kuchen oder zu kräftigem Käse verwenden.

Ein Tip: Zitronensaft und Essig gegebenenfalls erst zum Schluß zugeben.

Blanchiert läßt sich Mangold auch gut einfrieren.

5. Ob dieses Gemüse wirklich Magenbeschwerden und Nervosität lindert, sei dahingestellt. Wertvoll für unsere Ernährung ist Mangold auf jeden Fall.

Calcium, Eisen, Jod, Kalium, Magnesium und Phosphor, dazu die Vitamine B und C ergänzen seinen feinen Geschmack.

Okra

1. Seit über 4000 Jahren ist die Okraschote schon in Äthiopien bekannt. Seitdem hat sie fast die ganze Welt erobert, auch wenn sie auf unseren Märkten erst seit kurzer Zeit erhältlich ist. Was wir vor allem den Mitbürgern aus Griechenland und der Türkei verdanken.

Unsere Ware bekommen wir vorwiegend aus Brasilien, Kenia und den beiden vorher genannten Balkanländern. Die Schoten sind ganzjährig erhältlich.

2. Die feste, gelb- bis dunkelgrüne Schale ist häufig von einem weißen Flaum überzogen. Die an eine altertümliche Spitzhacke erinnernde Form ist üblicherweise fingerdick und

Okraschoten

88

gleicht mit ihren 5–15 cm Länge einer Kreuzung von Paprikaschoten mit Pepperonis.

Das weiche Fleisch enthält eßbare weiße und weiche Körner. Der Geschmack ähnelt einer Mischung aus Bohnen mit einem milden Stachelbeeraroma.

3. Die Schale der Okraschoten muß unbeschädigt sein. Auch sollte sie keine Flecken aufweisen.

Im Kühlschrank ist es den empfindlichen Schoten normalerweise zu kalt, sie bevorzugen Temperaturen zwischen 7 und 10°C. Deshalb lieber mit einem Tuch umhüllen und nicht länger als ein bis zwei Tage aufbewahren.

4. Beim Kochen der Schoten tritt häufig ein milchiger Schleim aus, der optisch nicht unbedingt anregend ist.

Wenn die Schoten gewaschen und der eventuell vorhandene Flaum sanft abgekratzt wurde, schneiden Sie daher am besten den Stielansatz rundum so ab, daß Sie die Schote dabei nicht aufschneiden. Dann lassen Sie die Schoten 3–5 Minuten in Salz- oder Essigwasser kochen. Anschließend mit kaltem Wasser abschrecken, gut abtropfen lassen und danach nach Rezept weiterverwenden. Dabei die Garzeit mitberücksichtigen.

Die Okraschoten passen vorzüglich zu Tomaten, Zwiebeln, Paprika, in Öl gedünstet, kalt oder warm serviert.

Mit Vorliebe werden sie zu Fleisch, vor allem Lamm und Rind, aber auch zu Fisch gereicht.

Man würzt Okras mit Chili, Curry, Knoblauch, Koriander und Pfeffer, mit

Paksoi

Zitronensaft oder Essig. Auch roh, mit Tomaten, sind sie in ihren Heimatländern beliebt.

Kurz blanchiert lassen sich Okras bis zu einem Jahr einfrieren.

5. Calcium und Eisen, die Vitamine A, B und C sind die interessantesten Inhaltsstoffe der weltweit beliebten Schoten.

Paksoi (Pak-Choi)

1. Die Heimat des mit Mangold und Chinakohl verwandten Paksoi ist Südostasien. Heute baut man das ganzjährig zu erhaltende Gemüse auch in Deutschland und Holland an.

2. Das nach Mangold schmeckende Gemüse hat sich nach oben verdünnende, weiße Stiele und krause, dunkelgrüne Blätter. Paksoi wird etwa 45 cm lang.

3. Die Blätter dürfen noch nicht welk aussehen, da die Lagerfähigkeit sehr begrenzt ist. Auch sollten die Stiele keine Verfärbungen aufweisen.

Im Kühlschrank möglichst nicht länger als zwei Tage aufbewahren.

4. Den Stielansatz so abschneiden, daß die Stiele auseinanderfallen. Diese dann in feine Streifen schneiden. Die Blätter werden grob gehackt.

In Butter und mit Zwiebeln angedünstet und zugedeckt 10 Minuten gegart, dann die Blätter zugeben und 3 Minuten weitergaren, schon ist ein

Im Vordergrund spitze, dahinter runde Paprikaschoten

feines Gemüse fertig. Nur mit Salz, Pfeffer und bei Bedarf Sojasauce würzen. Auch mit Sahne und Curry schmeckt dieses Gemüse sehr fein. Blanchiert läßt sich Paksoi auch einfrieren.

5. Calcium, Eisen und die Vitamine B und C sind zwar nicht eben die überwältigendsten Inhaltsstoffe eines Gemüses. Aber der Geschmack entschädigt dafür.

Paprika

1. Der Gemüsepaprika war ursprünglich in Südamerika beheimatet – im Gegensatz zum Gewürzpaprika, der aus Asien kommt. Zu Beginn des 16. Jahrhunderts importierten die Spanier dieses Gemüse, und es fristete zuerst ein Dasein als Zierpflanze.
Während die meisten Länder dieses so gesunde Gemüse in allen Variationen schätzen lernten, dauerte es in Mitteleuropa bis nach dem Zweiten Weltkrieg. Dann begann, nicht zuletzt durch die Urlaubswelle, der unaufhaltsame Aufstieg des Paprika.

In unserem Klima benötigt der Paprika den Anbau unter Glas. Nicht zuletzt dadurch ist er ganzjährig auf dem Markt. Wir beziehen unseren Paprika hauptsächlich aus Italien, Holland, Spanien und der Türkei. Aber auch aus vielen weiteren Ländern sind Lieferungen für unseren unersättlichen Paprika-Appetit nötig.

2. Im Prinzip gibt es nur zwei Sorten, die spitzen Schoten und die mehr plattrund bis quadratischen. Vor allem die hellgrünen spitzen Schoten aus der Türkei sind ausgesprochen mild-würzig, die dunkleren aber sehr scharf. Die meistverwendete Sorte ist der wohlbekannte dickliche Paprika. Die grünen Schoten werden unreif geerntet, während die gelben und roten Sorten reifen durften und wesentlich mehr Inhaltsstoffe bieten.

Um der Abwechslung Genüge zu tun, entwickelten vor allem die Holländer weißliche, orangefarbene, braune, violette und sogar schwarze Schoten. Vor allem die dunkleren werden beim Kochen wieder grün, während besonders die gelben und roten Paprika ihre Farbe erhalten.

Neben den Farben sind auch die Formen dieses Paprikas sehr vielfältig.

Dann gibt es noch eine weitere Sorte aus Ungarn, den Tomatenpaprika, wahrscheinlich eine Kreuzung von Tomate mit Paprika, die einer platten Fleischtomate ähnlich sieht. Der Geschmack ist etwas schärfer, mit einem süßlichen Aroma verbunden und etwas saftiger.

3. Die Schale der Paprikaschoten muß glatt, fest und leicht glänzend sein. Runzeln am Stielansatz sind aber noch kein Kaufhinderungsgrund. Im Kühlschrank können Sie Paprikaschoten bis zu einer Woche lagern. Temperaturen unter 7 °C aber vermeiden, sonst büßen Paprika an Geschmack ein. Am besten, Sie umwickeln das Gemüse mit einem dicken Tuch und legen es gut abgedeckt in das Gemüsefach.

4. Zuerst schneiden Sie den Stielansatz des Paprika aus. Dann waschen Sie die Schoten und schneiden sie auf. Bei den türkischen schmalen Sorten können Sie sich weitere Vorarbei-

ten ersparen, da man die Kerne mitißt. Bei den anderen Sorten entfernen Sie die Kerne mitsamt den Rippen und den Scheidewänden. Anschließend den Paprika nach Bedarf schneiden. Roh als Salat sollten Sie aus optischen Gründen vor allem die bunten neueren Züchtungen verwenden. Aber natürlich sind auch die roten, gelben oder grünen Paprika für den Salat geeignet. Die beiden erstgenannten Farben enthalten, wie gesagt, auch mehr Inhaltsstoffe. Wer die Haut der Schoten nicht verträgt, der sollte Paprika kurz in kochendes Wasser legen, kalt abschrecken und anschließend die Haut abziehen.

Möglich ist auch folgende Variante: Die abgetrockneten Schoten vierteln und mit der Hautseite nach oben auf der obersten Schiene im Backofen so lange bei starker Hitze grillen, bis die Haut Blasen wirft. Dann herausnehmen, mit einem feuchten Tuch abdecken und anschließend die Haut abziehen. Die Grillzeit rechnen Sie dann auf die weitere Verarbeitung der Schoten an.

Natürlich eignen sich die Paprikaschoten auch zum Füllen mit Fleisch oder Gemüse, zu Suppen, für einen Gemüseeintopf, für Pizzas und auch als Gemüsebeilage.

5. Die Schoten sind reich an den Mineralstoffen Calcium, Kalium und Phosphor und an den Vitaminen A, B und P. Vor allem ist der Anteil an Vitamin C hervorzuheben. Davon enthalten die grünen und die neueren bunten Züchtungen bis zu 150 mg pro 100 g Paprika, die roten bis zu 300

mg und die ungarischen Tomatenpaprika bis zu 400 mg. Letzteres ist beinahe die zwölffache Menge des Vitamin-C-Gehalts einer Zitrone.

Pastinake

1. Auch die Pastinake genoß im Altertum bei den Bewohnern Europas und Asiens hohes Ansehen. Mit Ausnahme der mitteleuropäischen Staaten überstand die Pastinake auch den Vormarsch der Möhren und Kartoffeln.

Nahezu ausschließlich als Importware erhalten wir heute diese Gemüseart. Die Lieferländer sind Großbritannien, Holland und Ungarn. Ihr Hauptvorkommen liegt zwischen November und Mai.

Pastinake

91

2. Das Äußere der Pastinake ähnelt einer zu groß geratenen Möhre mit einem zu dicken Kopf. Sie wird stattliche 40 cm lang und bis 1,5 kg schwer.

Die Schalenfarbe reicht von gelb bis gelblichbraun, mit dunklen Streifen versehen. Das Fruchtfleisch variiert von Weiß und Gelb bis zu hellen Brauntönen. Ihr Geschmack ist würzig und ähnelt einer Kreuzung von Möhren mit dem sogenannten Maggikraut.

3. Ohne Kraut erkennt man gut geratene Pastinaken an ihrem Durchschnittsgewicht von 300 g und einer Länge von etwa 20 cm. Wichtig ist aber vor allem eine unbeschädigte Schale und eine Festigkeit beim Druck.

Dieses Gemüse ist nicht länger als vier Tage im Kühlschrank haltbar.

4. Unter fließendem Wasser muß unsere Pastinake gereinigt werden. Sparsames Schälen der Wurzel ist empfehlenswert. Danach fein gewürfelt oder in Scheiben geschnitten, dünstet man das Gemüse in wenig Wasser.

Am besten schmecken Pastinaken zu Kartoffeln, da ihr würziger Geschmack andere Gemüsesorten oft überlagert. Darum ist sie vor allem in ihren Heimatländern eine beliebte Ergänzung zum Suppengrün und dient als Würzergänzung für Saucen und Suppen.

Gelegentlich ißt man Pastinaken auch als Rohkost, das ist aber nur Anhängern deftiger Salate zu empfehlen.

5. Das Gemüse ist reichhaltig an Inhaltsstoffen. Calcium, Eisen, Kalium, Phosphor, dazu die Vitamine A, B und C verdeutlichen den früheren Stellenwert der Pastinaken in der Ernährung.

Aufgrund eines ätherischen Öls wirkt es gegen Blähungen.

Porree (Lauch)

1. Bereits die Sumerer kannten den Lauch, einen Verwandten der Zwiebel und des Knoblauchs. Was sie daraus machten, ist allerdings nicht bekannt. Kaiser Nero schrieb ihm stimmbildende Fähigkeiten zu, was aber genauso unsinnig war – das Ergebnis kennt man ja – wie die Behauptung der Ärzte im Mittelalter, Porree schädige Augen und Nieren und verursache Schlafstörungen.

Der Lauch ist das ganze Jahr über erhältlich, Importe aus Belgien, Frankreich, Holland, Italien und der Türkei ergänzen unsere Inlandsproduktion.

2. Der würzig-süßliche Geschmack des Lauchs erfreut sich seit Jahren konstanter Beliebtheit, obwohl er bis zu 40 % Abfall enthält. Sein Schaft ist weiß, an den Spitzen wird er hellgrün.

Wintersorten, kräftig und derb im Geschmack, weisen ein dunkles Grün auf und haben einen kürzeren, dafür dickeren Schaft.

3. Für dieses Gemüse gilt: je dünner, desto zarter. Die Stangen müssen unbeschädigt sein, vorhandene braune

Lauchstangen

Stellen sofort ausschneiden, da diese bald zu faulen beginnen.

Das Blattgrün muß fest sein und noch frisch aussehen. Welke Spitzen sind ein Zeichen falscher oder zu langer Lagerung.

Lauch möglichst allein oder mit Zwiebeln und Meerrettich aufbewahren. Nicht neben Früchten oder Kohlsorten lagern.

Mit abgeschnittenen Blättern, sowie kühl und trocken, hält er sich im Kühlschrank bis zu fünf Tagen.

4. Vor dem Zubereiten schneiden Sie den Wurzelansatz nach. Sie können, müssen aber nicht, die äußere Blattschicht entfernen. Je dunkler das Grün nach oben wird, desto kräftiger wird der Lauch im Geschmack. Er wird als Suppenbestandteil bevorzugt. Sie können ihn aber auch, fein geschnitten und in Butter gebraten, als Gewürz für Gemüsesuppen verwenden.

Ob Sie die Stangen halbieren oder in Ringe schneiden, gründliches Waschen unter fließendem Wasser ist erforderlich. Geschnittenen Lauch sofort weiterverwenden, sonst wird er bitter. Deshalb auch für einen nicht sofort zu essenden Salat erst blanchieren.

Blanchierter Lauch schmeckt auch milder und wird zarter. In Salzwasser gekocht oder in Butter oder Öl geschmort, Porreegemüse paßt zu Suppen, Fleisch, Geflügel und Fisch.

Sein herzhafter Geschmack paßt ebenfalls zu pikanten Kuchen, am besten mit Speck und Sahne kombiniert. Er verträgt auch kräftige Gewürze und ist gegebenenfalls als Zwiebel-

Radicchio

ersatz verwendbar. Blanchiert, dann abgeschreckt, läßt sich Lauch bis zu sechs Monaten einfrieren.

5. Porree weist einen hohen Gehalt an Mineralstoffen auf. Calcium, Eisen, Kalium, Natrium und Phosphor sowie die Vitamine A, B, C und E machen ihn zu einem wertvollen Gemüse.

Seine schwefelhaltigen Inhaltsstoffe wirken heilend. Auch für die Verdauung und Nierentätigkeit wird er empfohlen.

Radicchio

1. Die Heimat des Radicchio ist der Mittelmeerraum. Heute wird der zu den Gemüsen zählende Endivienverwandte in der ganzen Welt angebaut. Importe kommen vorwiegend aus Frankreich und Italien, das heimische Angebot ist noch relativ rar. Radicchio ist überwiegend zwischen Oktober und Mai erhältlich, vereinzelt wird er aber auch das ganze Jahr über angeboten.

2. Der zartbittere bis herzhafte Geschmack ist vor allem den weißen Rippen zu verdanken, die das gesamte Blatt durchziehen. Die weinrot bis violetten Blätter mit zur Wurzel hin verdickenden Rippen zeichnen den herkömmlichen Radicchio aus. Er kann über 500 g schwer werden.

Eine andere, noch wenig verbreitete Sorte nennt sich ›Radicchio die Treviso‹. Dieser mildere Salat wird mit langen, starken Wurzeln angeboten und hat schmale, längliche Blätter.

3. Welkende oder faulende Blätter deuten auf zu lange oder zu warme Lagerung hin. Diese Blätter werden nicht selten von den Händlern entfernt, so daß sehr kleine Köpfe ohne Außenblätter nicht unbedingt die frischesten sind.

Makellose Ware ist, in Papier eingewickelt, im Kühlschrank etwa vier Tage lagerfähig, solange Sie den Kopf nicht mit Feuchtigkeit in Berührung bringen.

4. Den Radicchio in einzelne Blätter zerlegen, gründlich waschen und die Blätter, je nach Größe, zerteilen. Radicchio paßt wegen seines Bittergeschmacks sehr gut zu süßen Obstsorten, zum Beispiel Orangen, aber auch zu Geflügel- und Käsesalaten. Man kann ihn auch in Butter dünsten oder tropfnaß, je nach Biß, im geschlossenen Topf einige Minuten garen und als Gemüse reichen. ›Radicchio di Treviso‹ bleibt durch seine starken Wurzeln länger frisch. Diese Wurzeln können mitgegessen werden, Sie brauchen diese nur etwas zu schälen. Sie können ihn auch blanchieren, dann mit Butter beträufeln und Nüsse dazugeben.

5. Inhaltsstoffe wie beim Batavia. Außerdem enthält der Radicchio den Bitterstoff Intybin, der stoffwechselfördernd wirkt.

Radieschen

1. Asien wird allgemein als die Urheimat der Radieschen angesehen. Im 16. Jahrhundert begann man sie

Runde Radieschen

auch in Europa anzupflanzen. Dann haben die kleinen Scharfen einen weltweiten Siegeszug angetreten. Weniger als die Hälfte unseres Marktangebotes stammt aus Deutschland, die meisten Importe, wen verwundert das noch, kommen aus Holland. Von Juni bis Oktober schmecken Radieschen besonders würzig, in der restlichen Jahreszeit sind sie milder im Geschmack.

2. Radieschen sind nur sehr entfernte Verwandte des Rettichs. Sie gibt es in erstaunlich vielen Farbtönen, von weiß, rot, violett bis zu zweifarbigen Sorten. Auch die Formen sind vielfältig: rund, oval oder rübenartig. Innen sind Radieschen aber stets weiß. Eine andere Sorte nennt sich Eiszapfen. Wie diese sind sie langgestreckt und von weißer Farbe. Scharf und knackig sind die Kennzeichen aller Radieschensorten.

3. Frisches, volles Laub ist das untrügliche Kennzeichen für Radieschenfrische. Welke oder gar gelbliche Blätter verheißen Geschmacksminderung. Dagegen müssen Radieschen mit leicht aufgeplatzter Schale nicht schlechter sein, das ist lediglich eine Frage der Handelsklassen. Pelzige Radieschen, die fast schon jeder einmal essen mußte, erkennen Sie an der Schnittprobe, das heißt: mit einem Messer zweimal von unten anstechen. Winter- und Frühjahrssorten sollten Sie zudem möglichst nur mit kleinen Köpfen kaufen, um sich eine geschmackliche Enttäuschung zu ersparen. In unseren Handel gelangt auch verpackte Ware, ohne Laub und Wurzeln. Sie ist üblicherweise länger gelagert und weniger eine Angelegenheit für Freunde frischer Produkte. Radieschen sollten Sie zu Hause möglichst nicht lagern, ihr Geschmack wird sonst schnell schwammig. Wenn Sie jedoch das Laub und die Wurzeln entfernen, können Sie Radieschen in einem feuchten Tuch im Kühlschrank einige Tage aufbewahren.

4. Radieschen werden überwiegend roh verspeist. Im Ganzen, geraspelt oder in Scheiben als Salat, Rohkost oder auf einem gebutterten Vollkornbrot, die Radieschen erfreuen sich ungebrochener Beliebtheit. Vielleicht auch nicht zuletzt wegen des geringen Arbeitsaufwandes. Laub und Wurzeln entfernen, waschen – und schon sind sie servierfertig.
Auch kann man Radieschen schön verzieren. Mit einem Messer von oben mehrfach über Kreuz eingeschnitten oder mit einem speziellen Messer eingezackt, in kaltes Salzwasser gelegt, öffnen sich diese Knollen und ergeben damit eine herrliche Dekoration.
Sie können Radieschen auch tropfnaß mit Salz, Pfeffer und Petersilie gewürzt, im geschlossenen Topf 15–20 Minuten garen und mit einer zarten hellen Sauce servieren.

5. Auch die Inhaltsstoffe der roten Knollen können sich sehen lassen. Calcium, Eisen, Phosphor und viel Kalium ergänzen die Vitamine A, B$_1$, B$_2$ und C.

Rauke

1. Die Bedeutung des Mittelmeerraumes für Salate und Gemüse ist schon hinreichend gewürdigt worden. Auch die Rauke entstammt diesem Gebiet.
Heute wird die Rauke sogar in Indien und Brasilien angebaut. Importe erhalten wir ganzjährig vorwiegend aus Italien und Frankreich.

2. Die Rauke kann etwa 70 cm lang werden. Die Blätter sehen radieschenähnlich aus.
Als Kohlgewächs schmecken die Blätter intensiv-würzig bis scharf. Ältere Blätter sind zäh und bitter.

3. Die Blätter müssen noch frisch aussehen. Durch steigenden Bedarf, vor allem seitens der Gastronomie, wird das Angebot sicher ausgedehnt werden, was der Frische nicht schaden wird.
In einem feuchten Tuch eingewickelt, hält sich die Rauke zwei bis drei Tage im Kühlschrank.

4. Die Blätter abzupfen, waschen und alleine oder mit anderen Salaten servieren. Der Geschmack verträgt milde bis kräftige Saucen.
Seltener wird Rauke gekocht. Dazu die tropfnassen Blätter in einem geschlossenen Topf 10 Minuten dünsten und anschließend mild würzen.

5. Die Inhaltsstoffe sind mit denen des Chinakohls vergleichbar. Calcium, Eisen, Kalium, Natrium und Phosphor, dazu die Vitamine A und C lassen die Rauke zu einer interessanten Beilage werden.

Rauke

Rettich

1. Der bei uns nicht überall so geschätzte Rettich gehört zu den ältesten Kulturpflanzen der Erde und wurde bereits von den Ägyptern geschätzt. Heute zählt er vor allem in Japan, Korea und China zu den begehrten Bereicherungen in der Küche.
Der größte Teil unseres Bedarfs wird aus heimischer Produktion gedeckt, die restliche Ware erhalten wir aus den Niederlanden. Rettich können Sie das ganze Jahr über kaufen.

2. Die ausgeprägt scharf-würzigen Rettiche können bis zu 30 cm lang werden. Je nach Sorte sind sie oval oder zapfenförmig. Das weiße Fleisch wird von einer glatten oder rauhen Schale umgeben, die schneeweiß, rot, schwarz oder sogar blau sein kann. Die asiatischen Sorten, bei uns manchmal auch angeboten, sind wesentlich milder im Geschmack, da sie das Aroma der dortigen Küche ergänzen und nicht überdecken sollen.

Auch die Größe dieser Sorten ist enorm. Sie werden nicht selten über 50 cm lang, weshalb man sie auch »Familienrettich« nennt.

3. Auch beim Rettich gilt: welke und gelbliche Blätter deuten auf übermäßige Lagerung hin. Es werden aber auch oft Rettiche ohne Kraut angeboten. Dann gilt: Die Ware soll möglichst gerade sein und eine glatte, nicht aufgeplatzte Schale aufweisen.
Ob ein Rettich holzig ist, läßt sich durch eine Schnittprobe feststellen. Zögern Sie nicht, das von Ihrem Händler zu verlangen, denn schließlich müssen Sie den Rettich essen und der Händler sollte sein Geld nur für gute Ware bekommen.

4. Rettiche sind ein problemloses Gemüse. Laub und Wurzeln werden entfernt, dann wird der Rettich unter fließendem Wasser abgebürstet, und schon ist er verzehrbereit. Lediglich der schwarze Winterrettich muß geschält werden.

Verspeist wird Rettich vornehmlich so: spiralförmig in feine Scheiben geschnitten und gesalzen. Zu Salaten wird er bevorzugt gerieben oder sehr dünn aufgeschnitten.
Vor allem die asiatischen Sorten eignen sich auch zum Kochen. Geschnittenen Rettich in Butter kurz andünsten und 10 Minuten zugedeckt weiterdünsten. Mit Salz, Pfeffer und etwas Curry, nach Belieben auch mit Ingwer würzen, und in einer Sahnesauce servieren. Dazu passen vor allem Reis oder Kartoffeln.

5. Hauptsächlich Calcium, Eisen, Kalium, Natrium und Phosphor machen neben den Vitaminen B und C den Rettich zu einem wichtigen Gemüse. Seinen Senfölen schreibt man auch medizinische Bedeutung zu. Rettich wirkt entwässernd und appetitanregend.

Rhabarber

1. Vor über 4500 Jahren benutzte man in China, laut einem kaiserlichen Medizinbuch, den Rhabarber als Heilpflanze. Die Skythen brachten ihn über Rußland nach Griechenland und nannten ihn »den Fremden (Berber) von der Wolga (Rha)«. Aber erst vor 250 Jahren wurde das Gemüse, in alten Rezeptbüchern auch als Obst bezeichnet, in England entdeckt.
Unsere Märkte bieten das Gemüse aus heimischer Produktion vor allem zwischen April und Juli an. Geringe

Weißer Rettich

Mengen kommen auch aus Belgien und Holland. Treibhausware kann bereits ab Dezember im Handel sein.

2. Rhabarber schmeckt fruchtig-sauer und hinterläßt manchmal ein pelziges Gefühl im Mund.
Die Stangen sind grün bis rotfarben, das Fruchtfleisch ebenfalls grün oder rot.
Der Markt bietet vor allem Himbeerrhabarber an, rotstielig mit grünem Fleisch.

3. Wird der Rhabarber mit Blättern angeboten, so achten Sie auf die Frische der Blätter. Auch ein Blick auf die Schnittstelle lohnt sich. Ist diese ausgetrocknet, lassen Sie das Gemüse liegen. Die Stangen sollen fest sein, die besten sind nur 25 cm lang. Sie müssen mit etwa 25 % Abfall rechnen.
In einem feuchten Tuch hält sich der Rhabarber im Kühlschrank etwa vier Tage, er darf aber nicht luftdicht abgedeckt sein.

4. In den meisten Fällen braucht man heute den Rhabarber nicht mehr zu schälen, es genügt das Entfernen der beiden Spitzen. Beim Gartenrhabarber empfiehlt sich aber das schräge Anschneiden, nicht Durchschneiden, des Wurzelendes. Dann zieht man so die Haut ab. Mit dem Blattende verfahren Sie ebenso.
Rohen Rhabarber sollte man nicht essen. Schneiden sie ihn in etwa 2 cm lange Stücke, wenn er noch etwas Biß bewahren soll, oder kleiner für Grützen und Marmeladen.

Rhabarber

Die Garzeit des Rhabarbers, möglichst ohne Wasser, beträgt je nach Größe und Bißfestigkeit 6–10 Minuten. Er paßt hervorragend zu Kaltschalen, Grützen und Desserts, vor allem in Verbindung mit Erdbeeren oder Orangen. Auch Marmelade mit diesen Früchten ist sehr zu empfehlen. Allerdings benötigen Sie für Rhabarber viel Zucker, da er viel Säure enthält.
Auch Kuchen, belegt oder gefüllt, pur oder mit Früchten, ist sehr begehrt.
Keine Metallgefäße oder Alupapier im Zusammenhang mit Rhabarber benutzen: Die Säuren verbinden sich leicht mit Metallen, und so können giftige Stoffe entstehen!
Das Gemüse können Sie roh oder gekocht einfrieren. Die Haltbarkeit beträgt etwa zehn Wochen.

5. Rhabarber enthält die Vitamine A, B und C. Calcium, Eisen, Kalium, Magnesium und Phosphor machen ihn zu einem wertvollen Gemüse, ergänzt durch Apfel- und Zitronensäure. Durch seinen, allerdings geringen, Anteil an Oxalsäure ist es ratsam, Kindern nicht zuviel oder regelmäßig Rhabarber zu servieren.
Auch Kranke sollten entweder darauf verzichten oder zumindest ihren Arzt befragen.

Römischer Salat

1. Auch die Herkunft dieser Salatsorte rechnet man dem Mittelmeergebiet zu. Aber schon unsere Großmütter hatten ihn als »Bindesalat« in den Gärten.
Vereinzelt kommt Römischer Salat auch aus heimischer Produktion, wird aber vornehmlich aus den Mittelmeerländern und Holland importiert.
Bisher finden Sie den Salat hauptsächlich zwischen September und Mai auf unseren Märkten, aber er wird sicher bald auch in den restlichen Monaten angeboten werden.

2. Die ungeteilten Blätter sind steil aufgerichtet und schließen sich zu einem meist lockeren Kopf zusammen. Die äußeren Blätter sind grün, auch wenn vereinzelt rötliche Sorten angeboten werden. Die Innenblätter sind gelb bis gelbgrün. Die Blattstruktur ist der des Wirsings ähnlich.
Sein Geschmack ist angenehm herb.

Römischer Salat

3. Welke oder vergilbende Blätter sind ein Zeichen falscher oder zu langer Lagerung. Der Kauf ist dann nicht mehr empfehlenswert. Frisch und knackig muß der Römische Salat aussehen, dann ist er genau richtig und entfaltet seinen optimalen Geschmack.
Im Kühlschrank hält er sich kaum länger als zwei Tage.

4. Außenblätter und Strunk abschneiden, die restlichen Blätter erst waschen, gut abtropfen lassen und dann zerteilen.
Römischen Salat verwendet man auch gerne zum Kochen. Dazu lassen Sie die Blätter im geschlossenen Topf einige Minuten mit etwas Wasser dünsten. Als Gewürze empfehlen wir Muskat und weißen Pfeffer. Mit Butter

beträufelt servieren – oder überbacken. Die inneren Blätter werden als Salat bevorzugt und vertragen sich auch mit kräftigen Saucen.
Blanchiert können Sie Römischen Salat auch einfrieren.

5. Die Inhaltsstoffe unterscheiden sich kaum von denen des Batavia.

Rosenkohl

1. Vor etwa 180 Jahren entstand der Rosenkohl als jüngster und kleinster Sproß der Kohlfamilie. Von seinem Ursprungsland Belgien erhielt er auch den weitverbreiteten Namen »Brüsseler Kohl«. Das Hauptanbaugebiet ist

aber inzwischen Holland, von dem wir auch hauptsächlich unsere Importe beziehen. Weitere Lieferungen aus Spanien, England, Belgien und Polen ergänzen unseren Bedarf an diesem Gemüse. Lediglich ein Siebtel stammt aus deutschen Anbaugebieten.
Die Hauptsaison ist von Dezember bis März.

2. Die Röschen, meist eiförmig oder rund, werden bis etwa 4 cm groß. Sie können hell- bis dunkelgrüne, teilweise auch rötliche Sorten erstehen. Den kräftigen Kohlgeschmack können Sie übrigens vermeiden, wenn Sie die Röschen erst nach den ersten Frösten kaufen. Durch die Umwandlung der Stärke in Süße schmecken diese dann milder.
Ebenso wird nach dem Frost das schwerverdauliche Zellulosegewebe weicher und bekömmlicher.

3. Gelbe und welke Deckblätter, dazu noch manchmal geöffnete Röschen, signalisieren Ihnen überlagerte Ware. Da sie nicht nur geringere Inhaltsstoffe enthält, sondern auch geschmacklich stark eingebüßt hat, raten wir Ihnen dringend vom Kauf ab. Üblicherweise können Sie auch geputzten Rosenkohl kaufen, der dann aber erheblich teurer ist. Da Sie die Röschen aber auf jeden Fall einzeln in die Hand nehmen müssen, sparen Sie sich dadurch kaum Zeit, es sei denn, Sie müssen eine vielköpfige Gästeschar bewirten. Auch Rosenkohl eignet sich nicht für eine längere Lagerung. Im Kühlschrank ist frische Ware drei bis vier Tage haltbar.

Rosenkohl

4. Von den Röschen werden zuerst lose und eventuell welke Blätter entfernt. Es ist ratsam, auch bei »geputzter Ware« die äußersten zwei bis drei Blätter zu entfernen. Anschließend schneiden Sie den Strunk ab, aber nur so weit, daß die Blätter nicht auseinanderfallen.

Um den Rosenkohl gleichmäßig zu garen, schneiden Sie den Ansatz kreuzweise ein. Dann in kaltem Wasser waschen.

Je nach Bißfestigkeit empfiehlt sich eine Garzeit von 13–18 Minuten.

Für das Garen sollten Sie wenig Wasser verwenden. Salz und wenn Sie den Kohlgeschmack etwas mildern möchten, Zucker stets von Beginn an zugeben. Muskat, Pfeffer oder Zitronensaft erst am Schluß beigeben.

Rosenkohl paßt zu allen Fleischge-

richten, Suppen, Aufläufen; sogar als Salat – bißfest gekocht – findet er zunehmend Verwendung. Sie können die Röschen, 3 Minuten blanchiert, auch gut einfrieren.

5. Der Minikohl enthält einen sehr großen Anteil an Vitamin C. Auch A, B_1 und B_2, sowie die Mineralstoffe Calcium, Eisen, Kalium, Magnesium und Phosphor machen aus Rosenkohl ein gesundes Wintergemüse.

Rote Bete
(Rote Rübe)

1. Die Ursprungsart der Bete, die Meerstrandrübe, fand sich vor allem im östlichen Mittelmeerraum.

Nach den ersten Anbauversuchen im 13. Jahrhundert in Deutschland, entwickelte sich die Rote Bete erst im vorigen Jahrhundert zu ihrer heutigen Erscheinungsform.

Die Rote Bete wächst vor allem in gemäßigten Klimazonen. Der heimische Anbau versorgt uns nur unzureichend, deshalb beliefern uns vor allem Belgien und Holland.

2. Die zumeist oval-runden Rüben haben eine karottenformähnliche Wurzel. Inzwischen werden auch gelbe und weiße Sorten angeboten.

Der intensiv-würzige, manchmal leicht erdige Geschmack ergänzt ein ausgewogenes Zucker-Säure-Verhältnis.

Die Rüben erreichen übrigens ein Gewicht zwischen 100 und 600 g.

3. Die Schale sollte unbeschädigt und ohne Seitenwurzeln sein. Aufgekratz-

Rote Bete

99

te Stellen faulen sehr schnell, deshalb liegenlassen oder sofort verwenden. Für eine Aufbewahrung im Kühlschrank sind Rote Rüben denkbar schlecht geeignet. Bei Temperaturen über 2 °C schrumpfen die Rüben, deshalb nicht länger als drei Tage aufbewahren.

4. Die Rote Bete gut waschen und in Salzwasser je nach Größe 1 – 1½ Stunden garen. Dann ziehen Sie unter fließendem Wasser die Haut ab, damit sich der rote Farbstoff nicht an Ihren Händen festsetzen kann. Er ist zwar ungefährlich, aber schwer zu entfernen.

In Scheiben geschnitten, mit Zucker, Salz, Kümmel und Essig ist die Rote Bete ein beliebter Salat, und das nicht nur zu einem Gänsebraten an Weihnachten. Püriert mit Gemüsebrühe, Orangensaft, Sahne und Gewürzen beweist die Rote Rübe ihre Tauglichkeit auch für gehobenere Ansprüche. Auch als Flan mit Meerrettichsauce hat sie schon viele Freunde gefunden, und traditionell ist sie Bestandteil des Labskaus.

5. Calcium, Eisen, Jod, Kalium, Magnesium, Natrium, Phosphor und Schwefel, ergänzt durch die Vitamine A, B und C, werden der Roten Bete sicher zur weiteren Verbreitung verhelfen. Die ganzjährig erhältliche Bete gilt als verdauungs- und stoffwechselfördernd, dazu regt sie die Gallen- und Lebertätigkeit an.

Rotkohl

Rotkohl
(Blaukraut, Rotkraut)

1. Die Heimat des Kohls lag ursprünglich im Mittelmeerraum. Heute liegt der Hauptschwerpunkt des Anbaus im Herzen Europas. Importe aus den Nachbarländern sind ausnahmsweise bescheiden.
Sie können Rotkohl das ganze Jahr über kaufen.

2. Die manchmal bis zu 2 kg schweren Köpfe mit dem typischen, aber feiner-würzigen Kohlgeschmack bilden einen ausgeprägten, festen Kopf. Die Farbe dieser Gemüsesorte ist weder rot noch blau, wie der Name verheißt, sondern eher violett. Erst durch das Einwirken von Zitronen-, Essig- oder Weinsäure verfärbt sich der Kohl.

3. Die Köpfe müssen fest verschlossen und unbeschädigt sein. Grünroter Schimmer auf den äußeren Blättern ist kein Zeichen von verdorbener Ware, sondern sortenabhängig.
Sollten aber die Außenblätter beschädigt sein, empfiehlt es sich, diese genauer zu betrachten. Weisen sie faule Stellen auf, wurde der Kohl unsachgemäß behandelt.

Eine längere Aufbewahrung im Kühlschrank ist nicht empfehlenswert.

4. Die Zubereitung ist relativ unkompliziert. Die Außenblätter werden entfernt, dann zerteilen Sie den Kohl je nach Größe in Viertel oder Achtel. Danach gibt es zwei empfehlenswerte Möglichkeiten. Entweder entfernen Sie den Strunk sofort und zerkleinern die Blätter, oder Sie schneiden von der Spitze her Streifen und sparen den Strunk dabei aus.

Bei beiden Methoden feuchten Sie Ihre Hände und das Schneidbrett vor dem Zerteilen an. Der Saft kann dann nicht so einziehen, und Sie bekommen ihn mit Zitronensaft schnell wieder weg. Am besten gelingt die Zubereitung des geschnittenen Kohls im Schnellkochtopf. Aber unbedingt Essig, Wein, einen sauren Apfel oder Zitronensaft dazugeben.

Natürlich können Sie Rotkohl auch als Salat verwenden. Wegen der schweren Verdaulichkeit des Kohls sollten Sie in diesem Falle aber Kümmel dazugeben.

Rotkohlgemüse wird durch Beigabe von Äpfeln, Wein, Johannisbeergelee, Backpflaumen, Maronen oder Zwiebeln wesentlich verfeinert.

Vor allem aus diesem Grund ist es ein beliebter Begleiter von Enten-, Gänse- und Wildbraten. Größere Blätter eignen sich auch zu Kohlrouladen.

Blanchiert läßt sich der Rotkohl auch bis zu einem halben Jahr einfrieren.

5. Calcium, Eisen, Kalium und Phosphor sind neben den Vitaminen A, B_1, B_2 und C die Hauptinhaltsstoffe.

Dazu kommt der Farbstoff Anthocyan, dem die Stimulierung des Zellstoffwechsels nachgesagt wird.

Schwarzwurzel

1. Im Altertum galt der Vorläufer unserer heutigen Schwarzwurzel als Geheimtip gegen Schlangenbisse und eitrige Wunden. Nicht vollkommen zu Unrecht übrigens, auch wenn man heute anderen Mitteln den Vorzug geben sollte.

Vor etwa 300 Jahren wurden dann in Spanien die ersten Speiseschwarzwurzeln kultiviert.

Heute werden sie vorwiegend in Belgien, Frankreich und Holland angebaut, die deutsche Anbaufläche ist sehr bescheiden geblieben.

Den wachsenden Bedarf liefern uns Belgien und Holland. Leider ist die Saison auf die Zeit zwischen Oktober und April begrenzt.

2. Das weiße Fleisch der über 20 cm langen, braunschwarzen Wurzeln schmeckt mildwürzig-säuerlich, mit einem feinen Nußaroma. Auch wenn die Schwarzwurzel oft Winterspargel genannt wird, hat sie mit den weißen oder grünen edlen Stangen nichts gemein. Die Gastronomie hat die Schwarzwurzeln allmählich wiederentdeckt.

3. Beim Kauf von Schwarzwurzeln müssen Sie mit etwa 40 % Abfall rechnen. Da Schwarzwurzeln sehr empfindlich sind, ist es ratsam, nur die Handelsklasse I zu kaufen. Aber auch hier gilt: hinsehen und prüfen.

Das Gemüse muß unverletzt sein, ohne Nebenwurzeln oder Vergabelungen, und die Stangen sollten möglichst gerade sein. Verletzte Wurzeln vertrocknen leicht und sind auf jeden Fall nicht mehr so schmackhaft.

Schwarzwurzeln

Dasselbe gilt für zu lange im Warmen gelagerte Ware, die Sie vor allem an Austrieben erkennen können. Im Kühlschrank halten sich unverletzte Wurzeln etwa drei bis vier Tage.

4. Unglücklicherweise erfordert die Schwarzwurzel einen sorgfältigen Umgang im Verarbeiten.
Unter fließendem Wasser müssen die Stangen gut abgebürstet werden. Anschließend schält oder schabt man sie vom Ende zur Spitze. Jede Stange nach dem Schälen sofort in 3–5 cm lange Stücke schneiden und in Essigwasser mit etwas eingerührtem Mehl legen, da sich der austretende Milchsaft der Wurzel schon nach kürzester Zeit bräunlich verfärbt.
Diese Milch verursacht übrigens auch unangenehme Flecken. Deshalb Vorsicht beim Umgang und bei der Auswahl der Arbeitskleidung.
Wenn Sie Ihre Hände nicht anschließend mit Bimsstein säubern wollen, sollten Sie beim Putzen Arbeitshandschuhe tragen. Eine einfachere Möglichkeit besteht darin, die gebürsteten Wurzeln in Salz-Essig-Wasser etwa 25 Minuten zu garen. Dann läßt sich die Schale leichter abziehen. Der einzige Nachteil dabei: Die Wurzeln schmecken dann nicht mehr ganz so fein, nämlich etwas herb mit einem erdigen Beigeschmack.
Die Schwarzwurzeln lassen sich beliebig variieren, auch darum hat man sie in der »großen Küche« wiederentdeckt.
Ob mit Erbsen, mit Kartoffeln oder Mandeln, paniert, püriert, zu Schinken oder gebratenem Fleisch oder in hellen Saucen, die Schwarzwurzeln ergeben einen vorzüglichen Geschmack.
Trotz der Arbeit daher unbedingt empfehlenswert!

5. Neben dem üblichen Calcium, Eisen, Kalium, Natrium und Phosphor und den Vitaminen A, B_1, C und E enthalten Schwarzwurzeln vor allem Stoffe, die sie auch für Schonkost empfehlenswert machen.
Auch enthält der Winterspargel einen entzündungshemmenden Stoff – der Ursprung seiner Beliebtheit bei den alten Völkern.

Sellerie
(Knollensellerie)

1. Bereits Homer wußte in seiner »Odyssee« vom Sellerie zu berichten, den die Nymphe Kalypso als Basis für ihre Zaubergetränke nutzte.
Heute wird er vornehmlich in Europa angebaut und gilt noch immer als Aphrodisiakum für den, der daran glauben will.
Mehr als die Hälfte unseres Verbrauchs stammt aus deutscher Produktion. Importe aus Holland, Belgien und Frankreich vor allem sorgen für ein ganzjähriges Angebot.

2. Die kugelförmigen, mit Nebenwurzeln ausgestatteten unscheinbaren Knollen haben einen ausgeprägt würzigen Geschmack. Die Farbe kann, sortenbedingt, gelblich bis graubraun sein, gelegentlich auch von roten Adern durchzogen.
Das Fleisch ist weißlich, mit fester Struktur.

3. Wenn Sellerie mit Blattgrün angeboten wird, muß dieses noch saftig grün aussehen.
Achten Sie aber auch stets auf die Knolle selbst. Die Schale darf sich nicht eindrücken lassen oder gar dunkle Stellen aufweisen. Ferner empfehlen wir die Klopfprobe. Klingt die Knolle hohl, so wird Sie ein ungenießbares Gemüse erwarten. Auch das Gewicht ist von Bedeutung. Die Knolle soll verhältnismäßig schwer sein. Sicherheitshalber ist der Kauf von kleineren Knollen vorzuziehen, wenn diese wenig Nebenwurzeln haben.
Größere Knollen können auch halbiert verkauft werden. Da ist es ratsam, die Schnittstellen zu prüfen. Wirken sie nicht mehr frisch, entweder liegenlassen oder als Suppengrün verwenden. Vom Genuß ist in solchen Fällen abzuraten. Schon mancher hat sich seine Lust auf Sellerie damit verdorben.
Aufgeschnittene Ware luftdicht verpacken und möglichst rasch verbrauchen. Die ganze Knolle hält sich im Kühlschrank eine Woche.

4. Die Knolle unter fließendem Wasser gut abbürsten, dann Wurzeln und vorhandenes Blattgrün abschneiden. Den Sellerie sollten Sie zuerst in Scheiben schneiden und dann schälen, das erspart Arbeit und unnötigen Abfall.

Knollensellerie

Für Rohkost sollten Sie den Sellerie fein raspeln. Gekocht, für Salate, Gemüse oder auch paniert, zerteilen Sie ihn nach Rezeptvorschlag.

Für mineralstoffschonendes Zubereiten empfehlen wir, die ungeschälten Scheiben in etwas Salzwasser bei geschlossenem Topf, je nach Dicke und gewünschter Bißfestigkeit, 11 – 15 Minuten zu dünsten.

Vorwiegend ältere Züchtungen neigen noch zum Oxydieren. Geben Sie etwas Zitronensaft oder Essig in das Wasser, um eine mögliche Schwarzfärbung zu vermeiden. Diese Verfärbung wurde bei neueren Sorten weitgehend ausgeschaltet.

Wenn Sie Sellerie ungeschält kochen, müssen Sie das Wasser danach wegschütten. Die Flüssigkeit geschälter Knollen können Sie jedoch zu Gemüsesuppen verwenden.

Die kleineren Blätter des Selleries, sofern sie frisch aussehen, können auch für Salate oder Gemüse mitbenutzt werden.

Geschält und blanchiert, können Sie Sellerie auch mehrere Monate einfrieren.

5. Der Knollensellerie weist einen hohen Anteil von Calcium, Eisen und Natrium auf, ferner die Vitamine A, B, C und E.

Sein Phosphorgehalt gilt als positiv für die Nerven, und ätherische Öle regen den Stoffwechsel an.

Vermutlich waren diese Inhaltsstoffe und der Glaube an die geheimnisvollen Getränke der eingangs erwähnten Kalypso der Ursprung für seine erhoffte aphrodisische Wirkung.

Spargel

1. Wer hätte dem so beliebten und für uns auch finanziell so teuren Spargel zugetraut, daß er an den Küsten Osteuropas und Vorderasiens entstanden ist?

Heutzutage jedenfalls wächst er mit Vorliebe in Europa und in den nördlichen Gefilden Afrikas und Amerikas. Warum Spargel so teuer ist, hat seine Ursache in der Handarbeit. Jeden Tag müssen oft zweimal die Spargelerd-

wälle auf Risse untersucht werden, die signalisieren, daß ein Spargel erntereif ist. Dann muß er ausgegraben und gestochen, anschließend die Fläche wieder geglättet werden. Weißen Spargel gibt es übrigens erst seit dem späten 19. Jahrhundert. 200 Jahre zuvor kannte man lediglich den grünen Spargel, der aber damals schon als Edelgemüse galt.

Mehr als die Hälfte unseres Spargelverzehrs wird importiert, vor allem aus Frankreich, Holland und Spanien. Auch wenn er inzwischen, dank der Importe aus über zwölf Ländern, beinahe ganzjährig zu erhalten ist: die Hauptsaison bleibt in den Monaten April bis Juni.

2. Spargel aus Deutschland ist am beliebtesten. Gelegentlich lassen sich deshalb auf den Märkten so irritierend viele Köpfe sehen. Es soll vorkommen, daß in manchen Gebieten mehr Spargel »made in Germany« verkauft wird, als überhaupt angeliefert wurde. Dieses Phänomen schreibt man scherzhaft der »Sozialen Marktwirtschaft« zu: Es herrscht eben kein Mangel, auch an heimischem Spargel nicht.

Außer dem weißen Spargel gibt es noch grüne Sorten. Diese werden über der Erde abgeschnitten oder abgebrochen. Sie schmecken kräftiger und würziger, eben anders als der so beliebte Bleichspargel. Bunte Spargelköpfe in violetter oder grüner Farbe entstehen, wenn man den Kopf des Spargels aus der Erde sprießen läßt.

3. Frischen Spargel, und nur den sollten Sie auch kaufen, erkennen Sie anhand folgender Merkmale: Keine Risse oder Rotstellen, Bleichspargel soll vom Anfang bis zum Ende durchgehend weiß sein, die Schnittflächen müssen glatt und prall sein, die Schnittenden sollen nicht trockenfaserig, zusammengeschrumpft, verfärbt oder nicht mehr frisch wirken. Wenn Sie die Stangen leicht aneinander schlagen, müssen sie klingen.

Die Nagelprobe werden Sie sicher schwerlich durchführen können: Wenn Sie die Schnittfläche mit dem Nagel eindrücken, muß Saft austreten.

Die Spitzen sollten geschlossen sein, also keine geöffneten Schuppen aufweisen.

Wenn Sie diese Punkte beim Einkauf beachten, sind Sie Ihrem vollendeten Spargelgenuß schon ein großes Stück nähergekommen. Spargel läßt sich, in einem feuchten Tuch eingewickelt, im Kühlschrank noch zwei Tage aufbewahren, aber die Stangen reagieren auf Lagerhaltung mit Geschmacksminderung. Deshalb sind auch die Transportwege sehr straff organisiert.

4. Zuerst waschen Sie den Spargel. Während die grünen Sorten nicht oder nur am unteren Drittel geschält werden müssen – das Endstück sollten Sie aber auch hier entfernen – erfordert der Bleichspargel einen höheren Aufwand.

Das Endstück schneiden Sie großzügig ab. Dann schälen Sie mit dem Sparschäler oder einem kleinen scharfen Messer den Spargel unterhalb der Spitze bis zum Ende. Sind

Von oben: Violetter Spargel; Bleichspargel; Weißer Spargel mit violetten Köpfen

noch Fäden vorhanden, unbedingt nachschälen. Es ist dem Geschmack der edlen Stangen ziemlich abträglich, wenn Sie darauf lange herumkauen müssen, nur weil Sie zu sparsam geschält haben. Denn aus den Schalen und den Schnittenden können Sie noch einen Spargelsud kochen und als Basis für eine feine Suppe verwenden.

Grüner Spargel benötigt etwa 8–10 Minuten Garzeit, der weiße Spargel sollte, je nach Dicke, etwa 14–20 Minuten kochen. Sie können gerne zwischendurch probieren, indem Sie ein kleines Endstück abschneiden.

Wird Spargel vor dem Garen portionsweise mit Küchengarn zusammengebündelt, so läßt er sich leichter aus dem heißen Wasser nehmen.

Beliebte Spargelgerichte sind: Spargelsalat in nicht zu saurer Vinaigrette; Spargel mit Butter oder hellen Saucen, zum Beispiel einer Hollandaise überzogen; mit gekochtem Schinken umhüllt und in Butter gedünstet; Spargelgemüse, solo oder mit Erbsen; Spargelomelette; Spargel zu Filets oder Bratwürsten; und natürlich paßt Spargel auch zu feinem Fisch.

Zum Einfrieren, um die Saison zu verlängern, eignet sich Spargel ebenfalls. Dazu sollten Sie ihn schälen und gut verpacken.

5. Der Spargel hat es auch in sich: Calcium, Eisen und Kalium, Natrium, Phosphor und die Vitamine A, B und C. Ätherische Öle sind die Geschmacksträger des Spargels.

Spargel wird auch für die Diabetikerküche genutzt, außerdem wirkt er entschlackend, giftstoffausschwemmend, er unterstützt Leber-, Nieren- und Lungenfunktionen und regt den Stoffwechsel an.

Allerdings sollten Menschen mit überhöhten Blut-Harnsäurewerten oder Neigung zu Nierensteinen vor dem Spargelgenuß ihren Arzt befragen.

Spinat

1. Der Spinat gilt als Pflanze des Orients. Bei der arabischen Besetzung Spaniens war er mit dabei, und von dort aus eroberte das grüne Gemüse ganz Europa, im Gegensatz zu den Arabern.

Heute wird er beinahe weltweit angebaut, nur in tropischen Gefilden gefällt es ihm nicht.

Frischer Spinat auf unseren Märkten stammt vorwiegend aus heimischem Anbau, die wenigen Importe aus Frankreich und Italien sichern eine ganzjährige Versorgung.

2. Der etwas gröbere Winterspinat, bei uns im Frühjahr auf dem Markt, und der feine Sommerspinat, in der restlichen Jahreszeit erhältlich, werden als Blatt- oder Wurzelspinat angeboten. Das ist im Prinzip dasselbe, unterscheidet sich nur vom Ernteverfahren her.

Sommerspinat

Das etwa 30 cm hohe Blattgemüse besteht aus gröberen, fleischigen, intensiv grünen Blättern, die ein Herz aus hellgrünen, zarteren Blättern umgeben.

Die Spinatblätter müssen sauber, frisch und grün sein. Flecken oder gelbe Stellen sind ein Zeichen von Überlagerung, was unserem Spinat überhaupt nicht bekommt. Er ist ein typisches Frischgemüse und verliert schon sehr kurze Zeit nach dem Ernten erheblich an Vitamin C und auch an Aroma.

Deshalb sollten Sie Spinat auch nicht länger als nötig aufbewahren. Tagfrisch gekauft, erschließt sich der Spinat in seinem ganzen Aroma.

4. Der Wurzelspinat muß zuerst von Wurzelteilen befreit werden. Äußere, löchrige Blätter entfernen, anschließend die restlichen Blätter von den Stielen befreien. Dieser Spinat ist ziemlich sandig, er muß also mehrfach gründlich gewaschen werden.

Blattspinat erfordert nicht so viel Arbeit, ist allerdings oft teurer. Eventuell schmierige Blätter entfernen. Die Stiele beseitigen, die restlichen Blätter gründlich waschen.

Für einen Salat sollten Sie nur die kleineren Blätter verwenden. Dazu diese gut trockenschleudern und wie gewünscht zerkleinern oder im Ganzen belassen. Pochierter Fisch, hartgekochte Eier und frische Egerlinge oder Champignons sind die idealen Begleiter für diesen Salat.

Die häufigere Methode ist aber der Verzehr als Gemüse. Dabei gilt allerdings, wer seinen Spinat nach Baby-

Art mag, der soll ihn ruhig so essen. Viel interessanter erschließt sich dieses Gemüse aber schonender zubereitet. Sei es als Spinatlasagne mit grob gehackten Blättern, Spinatroulade mit Fleisch- oder Fischfüllung oder als Spinat-Sahne-Sauce zu Nudeln mit Parmesan bestreut, in diesem Gemüse steckt weit mehr als ein Brei, wie wir ihn fast alle aus den Kinderjahren kennen. Für das Aufwärmen von Spinat gilt: Innerhalb einer Zeitspanne bis zu zwei Stunden ist es ungefährlich, danach wird Nitrit freigesetzt.

5. Daß bei einer früheren Erstellung der Inhaltsstoffe ein vermutlich gedanklich anderweitig beschäftigter Wissenschaftler die Kommastelle beim Eisengehalt falsch gesetzt hatte und so Generationen von Kindern einen unsäglichen, angeblich sehr eisenhaltigen Brei essen mußten, dürfte inzwischen bekannt sein. Aber auch ohne mathematische Entgleisungen ist der Spinat gesund. Calcium, Eisen, Jod, Kalium, Kupfer, Magnesium und Phosphor, die Vitamine A, B und C sind gewichtig vertreten, so daß uns früher spinatgeplagten Kindern wenigstens nachträglich ein gewisser Trost bleibt.

Staudensellerie
(Bleichsellerie)

1. Auch der Staudensellerie ist, wie die Knollenform, eine Züchtung aus dem wilden Sellerie.

Staudensellerie

Neben Europäern haben bereits vor längerer Zeit die USA ihre Vorliebe für diesen Verwandten entdeckt. In Deutschland ist der »Bleichsellerie« erst im Kommen, langsam aber gewaltig.

Die Importe stammen überwiegend aus Israel, Italien und Großbritannien und sorgen für eine ganzjährige Belieferung.

2. Die Knolle ist nur schwach ausgeprägt, die Blattstiele sind der Hauptbestandteil. Sie werden bis zu 4 cm breit und oft über 30 cm lang.

Die Farbenpalette reicht von Weiß über Gelblich bis zu Grüngelb; seltener werden Sie auch rötlich gestreifte Sorten erhalten.

Bis zu 1 kg schwer kann der Staudensellerie werden, sein Durchschnittsgewicht beträgt aber im Normalfall knapp die Hälfte. Verstärkt auf den Markt kommt der dunkelgrüne Sellerie, da er saftiger und sein Geschmack etwas ausgeprägter ist. Der Bleichsellerie wird aber nach wie vor wegen seines milderen Aromas geschätzt.

Bei beiden Sorten ist ein leichtes Nußaroma vorhanden.

3. Zu empfehlen ist der Kauf der Stauden mit Blättern.

Auch wenn diese noch frisch aussehen, ziehen Sie die Stengel auseinander, um eine eventuell vorhandene Herzfäule zu entdecken. Unbedingt liegenlassen, da er falsch gedüngt wurde.

Die Stiele müssen fleckfrei sein. Durch Druckstellen wird die Knackigkeit beeinträchtigt.

Im Kühlschrank hält sich dieser Sellerie auch im Plastikbeutel bis zu zwei Wochen.

4. Die Zubereitung ist schnell und unkompliziert. Die Stangen werden am Wurzelansatz abgeschnitten und vorhandene Blätter entfernt. Waschen, in Scheiben schneiden oder als Knabberei im Ganzen servieren, schon ist er fertig.

Roh und in Scheiben geschnitten, wird er mit Vorliebe zu Obst, Käse, kalten Platten oder zu Chicorée und Nüssen verwendet, in ganzen Stangen serviert man ihn mit Dips, oder man füllt ihn mit pikanten Saucen.

Auch als Gemüse hat der Verbraucher den Staudensellerie entdeckt. In Butter oder Öl etwa 20 Minuten gedünstet und mit einer Wein-Sahne-Sauce verfeinert, hat er schon viele Liebhaber gefunden. Das Blattgrün können Sie auch feingehackt ebenfalls als Salat- oder Gemüsebeilage verwenden.

5. Die Inhaltsstoffe sind unwesentlich geringer als beim Knollensellerie, dafür ist der Vitamin-C-Gehalt höher.

Steckrübe
(Kohlrübe)

1. Die Steckrübe entstand, so nimmt man heute an, als Kreuzung einer Herbstrübe mit einem Kohlrabi. Im klimatisch gemäßigten Mittelmeerraum fand man die ersten Hinweise auf dieses Gemüse. Im »Steckrübenwinter« des Ersten Weltkrieges 1917/18 diente die Steckrübe als Brotersatz, was sie dann als Not- oder Arme-Leute-Gemüse diffamierte.

Seit einigen Jahren erlebt sie ein kulinarisches Comeback. Steckrüben aus heimischem Anbau erhalten Sie vor allem zwischen September und Mai. Geringe Importe kommen überwiegend aus Holland.

2. Die ovale oder spitz zulaufende Rübe wird bis zu 1,5 kg schwer. Der obere Teil ist grün, der im Erdbereich wachsende Teil sahnig-gelb. Das Fruchtfleisch sollte hellgelb bis gelb sein, die weißen Sorten dienen üblicherweise als Viehfutter.

Steckrübe

Der Geschmack läßt sich am besten so beschreiben: zarter, süßer Kohlgeschmack mit einer leicht herben Note.

3. Ob leicht aufgeplatzt mit 1,5 kg Gewicht und ovaler Form oder rundlicher, klein und mit makellosem Äußeren, die Steckrübe läßt sich durch derartige Nebensächlichkeiten im Geschmack nicht beirren. Hauptsache, der untere Teil ist schön sahnig-gelb anzusehen. Grauschleier bedeutet Überlagerung oder falsche Behandlung. Auch dürfen die Rüben keine kleinen Löcher aufweisen. Wenn Sie selten vorkommende Holzigkeit bei Rüben ausschließen wollen – Sie bezahlen ja üblicherweise den Preis für eine gute Rübe –, so lassen Sie den Händler eine anschneiden. Bei Rüben mit einem Durchmesser bis zu 12 cm dürfte Verholzen allerdings nicht vorkommen. Im Gemüsefach des Kühlschranks können Sie Steckrüben acht bis zehn Tage aufbewahren.

4. Schneiden Sie zuerst den Stielansatz ab. Je nach Größe halbieren Sie die Rübe, schneiden sie in Scheiben und schälen diese erst jetzt. Danach die Scheiben raspeln, stifteln oder in Würfel zerkleinern.

Die schnellste und schonendste Garmethode: Tropfnaß mit Butter in einem fest verschlossenen Topf bei milder Hitze etwa 20 Minuten dünsten. Salz, Zucker, Pfeffer und Petersilie sind die Standardgewürze.

Obwohl man gelegentlich die Rübe auch geraspelt als Rohkost mit anderen Salaten verzehrt, ihren eigentlichen Geschmack entfaltet sie leicht gewürzt vor allem als Beilage zu geräuchertem Fleisch, in Brühe gegart zu Schweinekamm oder mit Bratwurstgehäck. Auch karamelisiert oder in einer Suppe mit geräuchertem Fisch erlebt die Steckrübe ihre kulinarische Wiedergeburt.

5. Traubenzucker, ätherische Öle, die Vitamine A, B und C sowie vor allem Calcium, Eisen, Kalium, Magnesium und Phosphor machen deutlich, daß Steckrüben vor allem als Wintergemüse sehr zu empfehlen sind.

Teltower Rübchen und ähnliche Sorten

1. Diese Rüben waren bereits vor langer Zeit den Griechen und Römern bekannt.
Bis zum Kartoffelanbau galten Rüben als wichtiges Nahrungsmittel, vor allem im europäischen Raum. Die Angebotszeiten haben wir unter den einzelnen Sorten im 3. Abschnitt vermerkt.

2. Teltower Rübchen sind spitzauslaufend oder plattgerundet und weisen eine bräunliche Schale auf. Das weiße Innere schmeckt angenehm süß.
Mairüben sind häufig gelblich bis gelbbraun, klein und kugelförmig bis plattrund. Das weiße Fleisch ist weniger ausgeprägt im Geschmack als das der feinen Teltower Verwandten.
Herbstrüben sind die größte Gattung, rundlich, mit rotem oder grünem Kopf. Entsprechend der Größe schmeckt das weiße Fleisch derber als die anderen Sorten.
Stielmus bildet lange Blattstiele und ist angenehm kräftig im Geschmack.

3. Teltower Rübchen erhalten Sie vor allem zwischen Mai und August sowie von Oktober bis Dezember. Die Schale sollte nicht beschädigt sein. Auch sollten Sie diese Rüben nicht bei anhaltendem Frost kaufen. Im übrigen gilt: je kleiner, desto feiner. Mairüben kommen vor allem in den Monaten Mai bis Juli auf den Markt. Kinderfaustgröße, keine Risse und gleichmäßige Färbung signalisieren gute Qualität.

Teltower Rübchen

Herbstrüben sollten Sie vor allem im Oktober und November kaufen. Durch die Lagerung in Kühlräumen sind sie bis April haltbar, aber nicht mehr so inhaltsreich.
Auch hier gilt: Unbeschädigte Schale und gleichmäßiger Wuchs sind das beste Kaufsignal.
Stielmus ist 10–25 cm hoch und in manchen Gegenden ganzjährig auf dem Markt. Die Blätter müssen beim Kauf noch frisch aussehen. Stielmus hält sich im Kühlschrank lediglich zwei Tage.

4. Stielmus wird fein geschnitten und paßt zu allen kräftigen Salatsaucen. Als Gemüse gekocht oder gedünstet, paßt es gut zu Kartoffeln oder als Eintopfbestandteil.
Die anderen Sorten werden nach dem Waschen geschält, zerkleinert und gekocht. Püriert werden sie gerne als Bindemittel von Cremesuppen verwendet.
Teltower Rübchen sind karamelisiert oder gratiniert eine feine Spezialität. Auch die Franzosen wissen sie zu schätzen.

5. Alle diese Rüben sind reich versehen mit den Vitaminen A, B und C. Auch Calcium, Eisen, Kalium, Natrium und Phosphor, der Gehalt an Ballaststoffen und der hohe Wasseranteil machen die Rüben zu einem empfehlenswerten Bestandteil einer längeren Diät.
Stielmus weist in etwa dieselben Inhaltsstoffe auf, allerdings verfügt es nur unwesentlich über die Vitamine der B-Gruppe.

Von links: Kirschtomate, Flaschentomate, runde Tomate, Fleischtomate

Tomate

1. Die ersten Tomaten wurden in Peru und Mexiko kultiviert, und es war zweifellos ein Verdienst von Kolumbus, vor 500 Jahren Samen dieser Früchte nach Europa gebracht zu haben.

Bis in das frühe 19. Jahrhundert ergötzte man sich jedoch lediglich an deren Aussehen, ließ sie aber wegen des ursprünglich bitteren Geschmacks kulinarisch links liegen.

Auch der Ruf, Liebeswahn zu entfachen, schadete den Tomaten eher, bis man neue Sorten züchtete, deren Geschmack sich allmählich weltweiter Nachfrage erfreute. Vor allem in Amerika und Europa sind Tomaten aus der Küche nicht mehr wegzudenken.

Deshalb sind sie auch das ganze Jahr über erhältlich. Etwa die Hälfte unseres Verzehrs kommt aus Holland. Belgien, Italien, Spanien, Frankreich und etwa 15 weitere Länder liefern den Rest, da die heimische Produktion nur etwa 5 % des Verzehrs beträgt.

2. Am einfachsten lassen sich die Sorten wie folgt unterscheiden:

Fleischtomaten
Diese bis zu 300 g schweren Tomaten sind mehr oder weniger gerippt und weisen eine dickere Schale, mehr Fleischanteile und sehr wenige Samenkerne auf. Sie sind schnittfester und süßer als die anderen Tomaten.

Runde Tomaten
Sie sind noch die beliebtesten unter den roten Früchten. Durch den hohen Anteil an Fruchtsäure sind sie in der Regel dezent säuerlich im Geschmack und werden aus diesem Grund vor allem in der warmen Küche eingesetzt.

Flaschentomaten
Leuchtend rot, harte Schale, dickfleischig und wenig Kerne sind neben der Form die Kennzeichen dieser beliebter werdenden Sorte. Sie sind süßer als ihre Verwandten und zeichnen sich vor allem durch ihr intensives Aroma aus. Sie lassen sich auch am leichtesten schälen.

Buschtomaten
Dieser Vertreter wird mit grünen Zweigen angeboten und signalisiert deshalb Frische. Ihr Duft und ihr Aroma lassen sie immer stärker auf den Markt kommen. Sie werden vor allem in der Türkei und in Italien angebaut.

Kirsch- oder Cocktailtomaten
Die kleinen roten, auch gelben oder orangefarbenen Früchte sind entsprechend klein im Wuchs. Ihre maximale Größe von 2,5 cm kommt angeblich der Urform der Tomate am nächsten.

Die runden Früchte werden zum Garnieren, als Partysticks und Partysnacks bevorzugt. Neben ihrem süßen Geschmack haben diese Tomaten in der Verbrauchergunst einen weiteren Vorzug: Man kann sie ohne abzubeißen verzehren und vermeidet dadurch Flecken.

3. Oft trauert man beim Essen auch der schönsten Früchte vergangenen Zeiten nach, als die Tomaten noch nach solchen schmeckten. Reife Tomaten sind transportempfindlicher, und so pflegt man die Tomaten noch grün zu ernten. Sie reifen zwar nach, aber das Aroma steigert sich nicht mehr. Nur am Strauch ausgereifte Früchte erschließen ihr berühmtes Aroma vollständig; auch die Sonne beeinflußt den Geschmack. Durch Licht- und Sonneneinwirkung bildet sich mehr Zucker.

Reif gepflückte Früchte lassen sich am ehesten so erkennen: Auf Druck muß die Tomate leicht nachgeben. Flecken sollte unsere Tomate nicht aufweisen. Sogenannte Brandstellen sind ein Merkmal zu kühler Lagerung, und deutlich sichtbare grüne oder gelbe Flecken in der Umgebung des Stielansatzes weisen ungesunde Stellen auf, die man wegschneiden sollte.

Die Früchte bevorzugt mit Stiel kaufen, das verhindert möglichen Fäulnisbefall.

Riechen Sie ruhig an den Tomaten. Das ist zwar kein absolutes Geschmacksbarometer, aber eine gutriechende ist jedenfalls wohltuender als eine geruchsneutrale Frucht.

Legen Sie Tomaten nicht in den Kühlschrank, das vertragen diese in der Regel nicht.

4. Die Tomaten nach dem Waschen vom Strunk befreien. Dafür schneiden Sie ihn keilförmig aus. Wenn Sie die Früchte schälen wollen, empfiehlt sich folgende Methode: Kreuzweise am Blütenansatz einritzen, in kochendes Wasser legen, bis sich die Haut etwas löst, dann die Tomate mit kaltem Wasser abschrecken, zuerst den Strunk entfernen und anschließend häuten.

Tomaten sind für einen Salatteller beinahe unverzichtbar. Auch mit Mozzarella, Basilikumblättern, etwas Salz, Pfeffer und Olivenöl darüber, werden sie gerne verspeist.

Die Früchte eignen sich auch zum Überbacken oder Füllen, zu Gemüse oder Cremesuppen, zu allen möglichen Saucen, pur oder mit anderen Zutaten.

Eingekochte, geschälte Tomaten sind auch ein unentbehrlicher Bestandteil von Pizzabelägen.

Natürlich können Sie vollreife Tomaten auch grillen. Ebenso lassen sie sich für Saft und gegebenenfalls auch für Ketchup verwenden.

Wenn Sie die Kerne nicht mögen, streichen Sie die geschälten Früchte, roh oder gekocht, durch ein Sieb.

5. Neben zehn Spurenelementen enthalten die Tomaten vor allem Calcium, aber auch Eisen, Kalium, Magnesium und Phosphor. Daneben auch 13 Vitamine, hauptsächlich die Vitamine A und C.

Topinambur

1. Die auch unter den Namen Erdbirne, Erdartischocke, Wild-, Zucker- oder Ewigkeitskartoffel, ja sogar Indianerknolle bekannte Topinambur stammt aus Nordamerika und wurde zu Beginn des 17. Jahrhunderts nach Frankreich gebracht. Anfangs als Zierpflanze, Knollensonnenblume, in Adelsgärten angesiedelt, eroberte die Knolle den ganzen alten Kontinent, bis sie von der Kartoffel weitgehend verdrängt wurde. Man hat sie aber wiederentdeckt, denn als anspruchsloses Gemüse wächst sie in jedem Winkel der Erde.

Die Hauptangebotszeit ist bisher noch Oktober bis Juni, mit geringen, aber ansteigenden Importen aus verschiedenen Ländern.

Topinambur

2. Schade, daß man die Pflanze auf den Märkten nicht sehen kann. Im Spätsommer entwickelt sie nämlich große, dottergelbe Blüten, ähnlich der Sonnenblume. An den Wurzeln bilden sich Dutzende von Knollen. Nur diese werden angeboten. Die Form ist oft apfel- bis birnenförmig, meistens mit dicken Warzen versehen. Eine gewisse Ähnlichkeit mit frischem Ingwer kann man feststellen. Die Farbe der Knollen reicht von hellem Braun bis zu violetten Tönen.

Das weiße, gelbe, bräunliche bis violette Innere scheint nicht selten durch die dünne Schale.

Roh weist sie einen leichten Nußton auf, gedünstet kann man sie mit Artischocken vergleichen, und gekocht ist sie leicht süßlich.

Die weißgelben und gelben Knollen schmecken süßlicher als die rötlichen Sorten.

3. Ausgetriebene Knollen sollten Sie nicht mehr kaufen. Ihr Geschmack ist ziemlich fade und kann Ihnen weitere Käufe verleiden.

Schrumpelige Knollen sind falsch gelagert und bereits angetrocknet. Auch wenn leicht angewelkte Topinambur in kaltem Wasser wieder frischer werden, kaufen Sie am besten nur frische Ware.

Auch im Kühlschrank sollten sie in einem feuchten Tuch nicht lange aufbewahrt werden. Nach spätestens zwei Tagen zubereiten.

4. Nach gründlichem Reinigen können Sie diese Knollen schälen, was wegen der Form etwas Zeit in An-

Weißkohl

spruch nimmt, und dann in feinen Scheiben geschnitten als Rohkost servieren.

Besser erschließt sich ihr Geschmack jedoch gedünstet und etwa 15–20 Minuten in Brühe gegart, in der Schale gekocht, dann gepellt und als Püree serviert oder mit einer Käse-Sahne-Sauce überbacken. Wer mag, kann die Schale auch mitessen.

In Scheiben geschnitten und paniert hat die Topinambur ebenfalls schon etliche Freunde gewonnen.

5. Calcium, Eisen, Kalium, Natrium, Phosphor und Silicium, neben den Vitaminen A, B, C und D und ein hoher Anteil des Kohlenhydrats Inulin machen die Topinambur zu einem wertvollen Gemüse, das auch für Diabetiker empfohlen wird.

Weißkohl
(Weißkraut)

1. Die genaue Herkunft ist nicht bekannt, wahrscheinlich stammt dieser Kohl aber aus dem Mittelmeerraum.

Die Hauptanbaugebiete des Weißkohls liegen heute in Europa und Asien.

Das ganzjährig zu kaufende Gemüse kommt ausnahmsweise nur zu einem Zehntel aus dem Ausland, und zwar vor allem aus Holland und Frankreich.

2. Die großen, meist festen Köpfe dieser Gemüseart sind gelblich-weiß im Winter und grünfarben im Sommer. Häufig werden die Köpfe noch mit grünlichen, stark geäderten Außenblättern angeboten. Das Gewicht schwankt im allgemeinen zwischen 1200 und 1800 g. Der kräftig-würzige Geschmack machte den Kohl zu einer der beliebtesten deutschen Gemüsesorten.

Im Ausland gilt dieses Kraut als typisch deutsches Essen, deshalb auch die meist geringschätzige Bezeichnung »Krauts« für die Deutschen.

3. Auf den Märkten muß der Weißkohl frisch glänzen, und der Kopf darf nicht beschädigt oder angefressen sein. Das Gewicht sollte 2 kg nicht überschreiten.

Im Kühlschrank läßt sich der Kohl bis zu zwei Wochen aufbewahren, und selbst angeschnittener Kohl hält sich, wenn man die Schnittstelle abdeckt, noch einige Tage.

4. Einfach die Außenblätter, sofern sie welk oder nicht makellos sind, entfernen und den Strunk anschneiden. Danach nach Bedarf weiterverarbeiten.

Die bekannteste Zubereitung dieses Gemüses ist wohl das Sauerkraut. Aber auch als Krautstrudel, Kohlrouladen mit verschiedenen Füllungen oder Suppenbestandteil wird der Weißkohl gerne verwendet.

Beliebt ist er als Rohkost bzw. Salat. Vor allem griechische und auch jugoslawische Lokale haben die Popularität des Krautsalats gesteigert.

5. Auch wenn Kohl nicht für Magenkranke geeignet ist, so sind seine Inhaltsstoffe gut und reichlich. Er enthält vor allem Calcium, Eisen und Jod, Kalium, Magnesium und Natrium sowie Phosphor und die Vitamine A, B und C.

Eine Laune der Natur verschaffte dem Kohl auch eine Vorstufe des Vitamin C, das sogenannte Ascorbigen. Nur durch Kochen wird daraus das begehrte Vitamin C. Ganz im Gegensatz zur sonstigen Reaktion dieses Vitamins, das sich beim Kochen im allgemeinen verringert.

Wirsing
(Wirsching)

1. In Italien nannte man den Wirsing »Savoyer Kohl«, nach der damaligen Herrscherfamilie, die auch Gebiete in Oberitalien regierte. Im 18. Jahrhundert, dem Beginn der Wirsing-Karriere in unseren Landen, wurde er importiert und als Eintopf ge- und mißbraucht.

Überwiegend stammt das heutige Marktangebot aus heimischem Anbau, ergänzt durch Importe aus Italien und Frankreich. Der Kohl ist beinahe ganzjährig zu kaufen.

2. Advents-, Früh- und Sommerwirsing vom Mai bis zum August hat leicht geöffnete Köpfe in graugrüner bis dunkelgrüner Farbe.

Der sogenannte Herbst- und Winterwirsing ist mehr gelblich bis gelbgrün und weist geschlossene Köpfe auf. Wobei es auch wenige Sorten in der kälteren Jahreszeit gibt, die ebenfalls eine kräftige grüne Schattierung aufweisen. Die Blätter des Wirsings sind kraus gewellt und leicht gelappt.

Ausgeprägt würziges Kohlaroma kann man dem Wirsing attestieren, wobei die erstgenannten Sorten zarter schmecken.

3. Advents-, Früh- und Sommerwirsing ist teurer, da er mit seinem feineren Aroma sehr begehrt ist.

Generell gilt für den Einkauf: Grüne Sorten sollten zumindest etwas geöffnet, gelbe Sorten stets völlig geschlossen sein.

Wenn Sie sich von der Frische eines Wirsings überzeugen wollen, wenden Sie einfach die Schüttelmethode an. Wenn er ein rasselndes Geräusch von sich gibt, ist er wirklich frisch. Ein eventuell vorhandener wachsähnlicher Überzug ist abwischbar und nicht qualitätsmindernd.

Wirsing können Sie etwa eine Woche im Kühlschrank lagern.

Wirsingkopf

4. Die äußeren Blätter werden bei der Vorbereitung entfernt. Dann waschen Sie den Wirsing und zerteilen ihn nach Bedarf. Den harten Strunk dabei entfernen. Müssen Sie den Kopf im Ganzen garen, bei Verwendung der Blätter für Kohlrouladen beispielsweise, schneiden Sie einfach den Strunk kegelförmig aus. Wenn sich die Blätter beim Garen lösen, diese herausnehmen und die Mittelrippen flachschneiden. So lassen sich die Blätter besser biegen.

Zum Schluß noch ein Wort zum Wirsing: Riecht er beim Garen aufdringlich, schmeckt er zu kohlartig, setzt sich beim Kochen ein Schaumrand unter dem Deckel ab oder wird der Strunk schleimig, dann liegt das nicht an dem feinen Gemüse selbst, vielmehr hat ihn der Erzeuger falsch behandelt, das heißt zuviel gedüngt. Der Wirsing verzeiht das nicht und rächt sich dann auf seine Art, auch wenn er dabei den Falschen trifft.

5. Calcium, Eisen, Kalium, Magnesium, Natrium und Phosphor, dazu die Vitamine A und C machen den Wirsing zu einer angenehmen Bereicherung der Gemüseküche.

Zucchini

1. Vor 15 Jahren war der Import dieses ursprünglich in den Subtropen Mexikos und Westindiens beheimateten Gemüses so unbedeutend, daß es keine offiziellen Statistiken darüber

Zucchini

gab. Angesichts der Erfassungsfreude amtlicher und nichtamtlicher Stellen eine wahrhafte Rarität.

Heutzutage kommt jedoch keine Auflistung mehr an dem vorwiegend importierten Gemüse vorbei.

Hauptlieferanten sind Italien, Frankreich, Holland, Israel, Spanien und die Türkei. Somit ist die ganzjährige Belieferung gesichert.

2. Die mit den Kürbisgewächsen verwandten Zucchini können über 40 cm lang und über 1,5 kg schwer werden. Die Schale ist üblicherweise zart- bis dunkelgrün und manchmal hellgrün gefleckt. Seltener werden gelbe Sorten angeboten, die im Geschmack etwas kräftiger sind und die eine härtere Schale aufweisen.

Das Fruchtfleisch ist stets weiß bis zart-grünlich, mit hellen, eßbaren Kernen versehen.

Auch in der Form ähnelt das Gemüse unserer Gurke. Nur die Enden sind oft das wesentliche Unterscheidungsmerkmal. An einem Ende sieht man einen längs geriffelten Stielansatz mit ca. 3–4 cm Länge, das andere Ende ist leicht verdickt: gelegentlich kann man noch die vertrockneten Reste eines Blütenansatzes erkennen.

Die Zucchini sind relativ geschmacksneutral, mit einem Hauch von Nußaroma.

3. Die idealen Zucchini sind nicht länger als 18–20 cm und wiegen nicht über 200 g. Kleinere Früchte schmecken eher besser, größere sind schon häufig nicht mehr so zart, allerdings für Suppen noch gut geeignet.

Kleine Zucchini, auch häufig Baby-Zucchini genannt, können noch eine große gelbgrüne Blüte mit orangefarbenen Spitzen aufweisen. Diese Blüten kann man ebenfalls in der Küche verwenden. Weiche oder mit hellgelben Flecken versehene Früchte sind ein Zeichen zu langer Lagerhaltung. Auch schrumpelige Früchte sollten Sie besser liegenlassen. Der Geschmack ist dann bestenfalls fade.

Zucchini halten sich im Gemüsefach des Kühlschranks gut zwei Wochen, wenn sie nicht mit Obst oder Tomaten zusammen gelagert werden.

4. Die Beliebtheit der Zucchini ist auch mit der vielfältigen und problemlosen Verwendung erklärbar. Sie müssen lediglich die Spitze und den längeren Stielansatz abschneiden, dann gründlich waschen oder abbürsten, und schon kann man sie weiterverwenden.

Rohe, geraspelte Zucchini schmecken besonders gut zu Äpfeln und Möhren. Zucchini kann man ferner dünsten, braten, schmoren oder füllen, panieren und überbacken. Nur beim Braten in Öl sollte man sie vorher, in Scheiben geschnitten, salzen und nach etwa 10 Minuten abwaschen und abtrocknen, sonst nehmen sie zu viel Öl auf.

Gefüllte Zucchini sind besonders fein, wenn Sie das ausgehöhlte Fruchtfleisch samt Kernen feingehackt mit der Füllung vermischen.

Dieses Gemüse verträgt auch nahezu jedes Gewürz. Sogar die Blüten sind, wie erwähnt, eßbar. Paniert, fritiert, mit Gemüse-, Fisch- oder Fleischfül-

lung, die Blüten stehen in der Zubereitungsart dem Gemüse in nichts nach.

5. Calcium, Eisen und Phosphor sowie die Vitamine A und C machen die Zucchini nicht zum wertvollsten Gemüse, aber durch ihre vielfältige Verwendung ergänzen sie die Inhaltsstoffe anderer Zutaten. Außerdem sind sie leicht verdaulich.

Zwiebeln

1. Seit mehr als 5000 Jahren steht die Zwiebel in den kulinarischen Diensten der Menschen. Eine lange Karriere, die in Asien und den Mittelmeerländern begann, den Pyramidenarbeitern als kräftigende Nahrung diente, im Mittelalter den Ruf der Heilkraft genoß und heute in Deutschland gleich nach der Tomate am häufigsten verzehrt wird.

Über eine halbe Million Tonnen werden in Deutschland jedes Jahr verbraucht. So ist es auch kein Wunder, daß ihr Angebot ganzjährig sein muß, mit massiven Importen aus Holland, Spanien und zwölf weiteren Ländern.

2. Zwiebelsorten gibt es reichlich, von milden, fein-aromatischen bis zu kräftig tränentreibenden Sorten. Nachstehend im Überblick:

Haushaltszwiebel
Die am meisten gekaufte und billigste, mehr oder weniger braungefärbte

Zwiebel gilt als sehr scharf und würzig. Die Sorte, bei denen selbst harten Frauen und Männern die Tränen kommen.

Rote Zwiebel
Diese, vor allem aus Italien importierte, Vertreterin der großen Zwiebelfamilie ist milder im Geschmack. Die rote Schale verbirgt eine ebensolche Färbung, die allerdings nicht ganz so intensiv ist. Der süße, dabei milde, scharfe Geschmack läßt sie vor allem in Salaten die Oberhand gewinnen.

Gemüsezwiebel
Dieses Schwergewicht kommt vor allem aus Spanien. Bei einem Durchmesser von meist über 10 cm und einem Gewicht von etwa 200 g ist diese Zwiebel für Füllungen besonders geeignet. In der Farbe unserer

Weiße Zwiebel

Haushaltszwiebel ähnlich, ist sie aber milder und süßer.

Frühlings- und Lauchzwiebel

Beide sind sich so ähnlich, daß man auf eine besondere Aufteilung verzichten kann. Lauchzwiebeln sind lediglich am unteren Ende weniger verdickt.

Beide Sorten werden grundsätzlich mit Blattgrün angeboten, das man zum Teil auch mitverwenden kann. Die Zwiebel selbst ist weiß.

Das sehr feine, milde Aroma läßt sie immer beliebter werden.

Schalotte

Der kleine, feinste und auch teuerste Vertreter der Zwiebelfamilie weist eine braune Haut mit einem weißen Inneren auf. Sie garen schnell und offenbaren eine angenehme milde Würze ohne den üblichen scharfen Geschmack. Vor allem zu feinen Saucen und Fischen zu verwenden.

Weiße Zwiebel

Die Größe ist nahezu identisch mit unserer Haushaltszwiebel. Wie der Name bereits andeutet, ist sie völlig weiß. Der nennenswerte Unterschied besteht hauptsächlich im Geschmack, er ist etwas milder.

Perl- oder Silberzwiebel

Meistens begegnet man ihr sauer eingelegt. Dabei ist das kleinste Zwiebelmitglied für Saucen oder zum Grillen gut geeignet. Unter der weißen Haut offenbart sich ein zarter, milder Geschmack. Leider ist sie aber nur selten auf den Märkten zu finden, da die verarbeitende Industrie den allergrößten Teil der Ernte beansprucht.

3. Für den Zwiebelkauf gilt generell: unbeschädigt, trocken, keine Austriebe. Beim Kaufen in Netzen sollten Sie den Inhalt gründlich prüfen; eine verdorbene Zwiebel kann alle anderen auch verderben. Frühlings- oder Lauchzwiebeln sollten noch ein frisches Grün aufweisen und im Kopfbereich feucht glänzen. Die Unsitte, das Grün mit Gummi oder anderen Bändern zu umschließen, sollte Sie eher von einem Kauf abhalten. Das Grün wird durch diesen Unsinn beschädigt und ist nicht mehr einwandfrei als Würze zu verwenden. Frühlings- und Lauchzwiebeln sollten Sie nicht länger als zwei Tage kühl aufbewahren.

Die anderen Sorten nicht im Kühlschrank, aber auch nicht in zu warmen Räumen lagern. Dunkelheit bekommt ihnen am besten, aber bitte

Rote Zwiebel

Gemüsezwiebel

Zwiebeln nicht abdecken. Sie brauchen Durchlüftung.
Am längsten halten sich Schalotten und Haushaltszwiebeln.
Die anderen Sorten nicht länger als eine Woche lagern.

4. Frühlings- und Lauchzwiebeln bereiten Sie am besten wie folgt vor: Wurzeln kurz abschneiden, angetrocknetes Blattgrün entfernen. Kurz waschen, trockentupfen und nach Rezept zerteilen.
Alle anderen Zwiebelsorten gut schälen und mit einem scharfen Messer auf die gewünschte Größe zerkleinern. Möglichst nicht mit einem Zwiebelschneidegerät arbeiten, das ist zwar einfacher, bekommt jedoch dem Aroma nicht sonderlich.

Für alle Zwiebeln gilt: Erst unmittelbar vor dem Gebrauch zubereiten, da sie sonst bitter und leicht ranzig schmekken.
Wie bereits erwähnt, werden Schalotten gerne zum Würzen von feinen Saucen verwendet. Auch für Fischrezepte eignet sich ihr Geschmack am besten. Dasselbe gilt auch für die Perlzwiebeln.
Die Gemüsezwiebeln lassen sich gut füllen. Man verwendet die zahmen Riesen auch mit Vorliebe für Zwiebelgemüse, Zwiebelsuppen und für Gulasch, wenn der Zwiebelanteil sehr hoch sein soll.
Rote Zwiebeln eignen sich nicht nur wegen ihrer Farbe als Salatbestandteil und -dekoration.
Lauch- und Frühlingszwiebeln passen mit ihrem Grün und ihrem Aroma gut zu feinen Salaten und als Begleiter für milde Gerichte.

Die anderen Zwiebeln sind universell einsetzbar. Blanchiert schmecken sie etwas unaufdringlicher zum Kartoffelsalat. Feine Saucen oder mild-aromatische Gerichte vertragen sich jedoch mit anderen Sorten erheblich besser.

5. Vor allem Calcium, Kalium, Phosphor und Zink, Fluor und Schwefel machen die Zwiebeln mit den Vitaminen A, B, C und E zu einem sehr gesunden Gemüse.
Auch ihre ätherischen Öle sind gesundheitlich interessant. Sie wirken verdauungsanregend, senken den Blutdruck, wirken sogar asthmareduzierend und gelten als vorbeugend bei Erkältungen.

Seltene Früchte

NAME	1. Herkunft 2. Anbau 3. Angebotszeit	Merkmale	Geschmack Kaufempfehlung	Verwendung Lagerung
BABACO	1. Ecuador 2. Ecuador, Neuseeland, Italien und Spanien 3. Winterfrucht	Ca. 25 cm lang, 12 cm dick, bis zu 1 kg Gewicht. Fünfeckige und spitzzulaufende Frucht. Grüngelbe bis gelbe Schale. Weißlich-gelbes Fruchtfleisch.	Mischung aus Erdbeeren und Ananas. Gelbe Schale, dabei leicht duftend.	Die ganze Frucht mit Schale essen. Mit Orangensaft oder Zucker essen. Für Obstsalate und Cremes geeignet. Bei Zimmertemperatur bis zu 2 Wochen haltbar.
CURUBA	1. Die Anden Kolumbiens 2. Mittel- und Südamerika, Neuseeland 3. Ganzjährig	Ca. 10 cm lang und 80 g schwer. Länglich-oval. Grüngelbe bis gelbe Schale; Fruchtfleisch gelb und geleeartig.	Wie ein guter Apfel. Gelbe Schale und intensiver Duft	Längs aufschneiden und auslöffeln. Zu Desserts und Kuchen. Gekühlt eine Woche haltbar.
DURIAN	1. Asien 2. Asien 3. April bis Juli	20–30 cm lang und etwa 15 cm dick bei einem Gewicht von über 1 kg. Länglich-oval. Gelbe bis grüngelbe Schale. Pyramidenartige Dornen. Weißliches Fleisch.	Leichter Nußton, vanilleartig, dabei etwas herb. Intensiver, unangenehmer Geruch. Wird auch Stinkfrucht genannt.	Aufschneiden und das Fruchtfleisch ohne die Kerne essen. Sofort verwenden.
FEIJOA	1. Südamerika 2. Weltweit in wärmeren Regionen 3. März bis Juli, Oktober bis Dezember.	Bis zu 8 cm lang, eiförmig, ca. 50 g schwer. Feste, ledrige grüne Schale. Weißliches bis lachsfarbenes Fleisch.	Erinnert an Stachelbeeren und Ananas. Makelloses Grün, intensiver Duft.	Schälen oder halbieren, mit Kernen essen. Wegen Braunfärbung mit Zitronensaft beträufeln. Roh, Obstsalat, Desserts, Kuchen, Marmeladen. Schnell verbrauchen.
JACK-FRUCHT	1. Indien 2. Asien, Afrika, Südamerika 3. Ganzjährig	Bis zu 90 cm lang und 50 cm dick. 10–35 kg schwer (!). Harte, warzige Schale von gelber bis grüner Farbe. Gelboranges Fruchtfleisch.	Dezent nach Honig und süßen Feigen. Unangenehmer Duft, Farbe wie angeboten.	Aufschneiden. Darunter kommen birnenförmige, gut eigroße Früchte zum Vorschein, deren Haut abgezogen wird. Nur dieses Fleisch, außer dem Kern, ist genießbar. Rasch verbrauchen.

NAME	1. Herkunft 2. Anbau 3. Angebotszeit	Merkmale	Geschmack Kaufempfehlung	Verwendung Lagerung
KAKTUS-FEIGE	1.. Mittel- und Süd-amerika 2. Amerika, Afrika, Australien, Italien und Spanien 3. September bis April	4–10 cm lang, eiförmig mit Warzen bedeckt, auf denen Stacheln sprießen. Grüne, gelbe, rosa bzw. braune Schale. Weiches, geleeartiges gelblich bis rötliches Fruchtfleisch.	Birnenähnlich. Wenn die Früchte nicht mehr grün verfärbt sind.	Mit Handschuhen oder Serviette geschützt die Haut mit einem Messer abziehen. Mit Kernen eßbar. Mit Zitronensaft oder Likör beträufeln. Gekühlt bis zu einer Woche haltbar.
KIWANO	1. Tropisches Afrika 2. Neuseeland, einzelne Mittelmeerstaaten, Südafrika 3. Ganzjährig	10–18 cm lang, bei 6–8 cm Durchmesser. Hornartige Zacken auf grüner bis oranger Schale. Geleeartiges, grünes Fruchtfleisch.	Nach Sorte unterschiedlich. Süßer Gurkengeschmack, manchmal nach Zitrone und Banane. Orangefarbene Schale	Waschen und längs halbieren. Gekühlt mit Zucker bestreuen und mit den Kernen essen. Für Obstsalate mit Nüssen geeignet. Notfalls bei Zimmertemperatur nachreifen lassen. Gekühlt einig Wochen haltbar.
LONGANE	1. China 2. Vor allem Asien 3. Juni bis September	Haselnußgroß, dabei rund bis oval. Bräunliche, gepunktete Schale. Helles, glasiges Fleisch.	Erinnert an Kirschen und Stachelbeeren. Braungefleckte Schale.	Die Schale aufknacken oder aufschneiden. Die Kerne entfernen. Pur oder mit Zucker essen. Für Obstsalate geeignet. Bei Zimmertemperatur zwei Tage haltbar.
LOQUAT	1. China und Japan 2. Mittelmeerländer, Asien, Amerika 3. Januar bis Juni	4–8 cm groß. Apfel- oder birnenförmig. Leicht behaarte, gelbe bis orange Schale. Hell-oranges bis aprikosenfarbenes, festes Fleisch.	Apfelähnlich, mit gut ausgewogenem Süße-Säure-Verhältnis. Wenn Frucht auf leichten Druck nachgibt.	Waschen und schälen. Früchte halbieren und entkernen. Pur oder für Desserts geeignet. Gekühlt 3–4 Tage haltbar.
PEPINO	1. Peru und Kolumbien 2. Südamerika, Neuseeland 3. März bis Mai	10–20 cm lang, bis zu 10 cm dick. Eichelförmiges Aussehen. Grüne, cremefarbene oder gelbe Schale mit rötlichen Streifen. Gelbes Fleisch.	Süßer Geschmack nach Birnen und Honigmelonen. Creme- bis gelbfarben und gestreift. Muß auf leichten Druck nachgeben.	Geschält und entkernt können Sie die Früchte pur oder mit etwas Zitronensaft beträufelt essen. Statt einer Melone zu feinem rohen Schinken servieren. Gekühlt bis zu zwei Wochen haltbar.

NAME	1. Herkunft 2. Anbau 3. Angebotszeit	Merkmale	Geschmack Kaufempfehlung	Verwendung Lagerung
PITAHAYA	1. Südamerika 2. Südamerika 3. Juli bis August, Dezember bis März	10 cm lang, dabei über 250 g schwer. Oval bis eiförmig. Stark geschuppte, mit Warzen bedeckte gelbe Schale. Weißliches Fleisch. Rote, glatte Früchte sind weniger interessant.	Schmeckt wie eine Kombination verschiedener Passionsfrüchte. Gelbe Schale.	Längs aufschneiden und mit den Kernen auslöffeln. Auch für Obstsalate, Cremes und Eis. Etwa 8 Tage haltbar.
RAMBUTAN	1. Tropisches Asien 2. In feuchtwarmen Gebieten Asiens, Afrikas, Amerikas und Australiens. 3. Juni bis Oktober Dezember bis Februar	Etwa 8 cm lang und 4 cm dick. Rötliche Schale mit Haaren oder Borsten bedeckt, die einer stark verfilzten Wolle ähneln. Weißliches Fleisch.	Erinnert an große, grüne Weintrauben. Rötliche Schale.	Mit dem Messer einschneiden und das Fleisch herausnehmen. Der Kern ist schwer löslich. Kühl servieren. Pur oder als Beilage zu Desserts essen. Schnell verbrauchen.
UGLI und andere Zitrusfrüchte	Durch immer neue Kreuzungen, wie auch unter Mandarinen zu lesen ist, entsteht eine unüberschaubare Anzahl von orangen-, mandarinen- oder grapefruitähnlichen Sorten, die mehr oder weniger lange auf unseren Märkten anzutreffen sind. Der Trend geht zu leicht schälbaren und möglichst kernlosen Früchten. Probieren Sie die einzelnen Sorten ruhig aus, vielleicht finden Sie dabei einen neuen Zitrusfavoriten.			

119

34.-